国家社会科学基金重点项目（批准号：14AXW005）

智慧出版

大数据背景下图书出版商业模式重构

李金山 张冠勇 刘 军 刘 红

著

西安交通大学出版社
XI'AN JIAOTONG UNIVERSITY PRESS

国家一级出版社
全国百佳图书出版单位

图书在版编目（CIP）数据

智慧出版 / 李金山等著. — 西安：西安交通
大学出版社，2022.4
　　ISBN 978-7-5693-2001-5

　　Ⅰ. ①智… Ⅱ. ①李… Ⅲ. ①电子出版物—
出版工作—研究　Ⅳ. ①G237.6

中国版本图书馆 CIP 数据核字（2021）第 204659 号

著　　者	李金山　张冠勇　刘　军　刘　红
责任编辑	陈　艳　　王斌会
责任校对	张　娟
装帧设计	伍　胜

出版发行	西安交通大学出版社
	（西安市兴庆南路 1 号　邮政编码 710048）
网　　址	http://www.xjtupress.com
电　　话	（029）82668357 82667874（市场营销中心）
	（029）82668315（总编办）
传　　真	（029）82668280
印　　刷	西安五星印刷有限公司

开　　本	720mm×1000mm　1/16	印张　10.75	字数　176 千字
版次印次	2022 年 4 月第 1 版	2022 年 4 月第 1 次印刷	
书　　号	ISBN 978-7-5693-2001-5		
定　　价	68.00 元		

如发现印装质量问题，请与本社市场营销中心联系调换。
订购热线：（029）82665248　　（029）82667874
投稿热线：（029）82668525

前　言

本书基于智能终端设备对数据自动获取的大数据市场环境,利用博弈论、社会物理学、行为经济学、复杂网络的基本原理,采用商业模式画布工具,分析和研究大数据等新技术背景下图书出版商业模式的重构过程。

第一,本书从出版企业的视角出发,通过实证研究目前图书出版商业模式的构成要素,以及要素间的关系,利用博弈论的思想,研究出版市场参与主体在大数据背景下市场功能的变迁,特别是图书中盘的市场功能。第二,本书利用社会物理学和行为经济学分析大数据对图书出版产业链产生的影响,分析其对产业链各个环节的作用,以及大数据对出版企业组织设计的推动作用。第三,本书基于社会网的复杂网络属性,将大数据图书出版商业模式定位为以社会网为基础的商业模式,分析其各个构成要素及它们之间的关系,探析图书出版商业模式构成要素变迁的原因和动力。最后,本书把研究的目光集中在智慧图书中盘的构建和应该具有的市场功能及其可行性分析,从出版产业链的整体出发,研究图书出版社会网商业模式与智慧图书中盘之间的协同关系。本书围绕建立通用的商业模式结构,提出了大数据环境下构建图书出版业新型智慧中盘的设想。

所谓智慧出版,就是出版企业采用社会网商业模式,以新型智慧图书中盘提供的大数据分析结果为决策依据的出版,包括出版内容、图书编辑、产品营销、读者分析、作者发现等一系列的经营决策行为,是图书产业链的重塑过程,是图书价值的智慧发现、智慧实现及价值分配的全新过程。广义地讲,智慧出版是出版产业链的全面升级,是以新型智慧图书中盘为核心,对上下游关联企业的全面整合、提升,使产业链上企业的经营决策不再盲目,除了对出版企业的全面支持外,还包括智慧物流、金融支持、库存管理,以及图书销售终端的优化布局和即时印刷优化管理等。智慧出版是社会网商业模式和新型智慧图书中盘有机结合的出版。

　　本书是国家社会科学基金重点项目(批准号:14AXW005)的研究成果,是课题组成员团结协作的结果。课题组成立之时,正值大数据技术实现商业应用之初,此后新技术不断涌现,基于数据的人工智能的商业应用如雨后春笋般在市场上涌现。本书也是在这些技术背景下诞生的。希望本书能为图书出版业提供理论支持,为政策制定提供参考,为出版业应对未来的市场挑战提供参考。如果本书的成果能够被出版业界应用于实践,作者将荣幸之至。

李金山

2021 年 5 月于北京林业大学

|目　录|

contents

第一章　绪论 ·· 1

一、出版业态的重大变革 ·· 1

二、当前图书出版业面临的问题 ······························ 4

（一）大数据出版产业链构建不完善 ···················· 5

（二）大数据环境下图书出版产业循环渠道不畅 ·········· 5

（三）大数据图书出版产业链盈利模式尚未完善 ·········· 6

（四）出版企业对大数据出版持观望态度 ················ 6

三、图书大数据出版研究概述 ································· 7

（一）国外对大数据出版的研究 ······················· 7

（二）国内对大数据出版的研究 ······················· 8

（三）大数据商业模式研究现状 ······················· 9

四、概念界定和理论基础 ····································· 10

（一）概念界定 ····································· 10

（二）理论基础 ····································· 13

五、智慧出版研究的应用价值 ································· 18

（一）有助于人们正确认识大数据智慧出版的重要性 ······ 18

（二）有助于提升我国出版产业的国际竞争力 ············ 18

（三）有助于出版企业转型开辟新途径 ·················· 18

（四）有助于出版企业在转型的关键时期把控方向、掌握主动 ···· 19

（五）有助于出版企业整合内部资源、优化内部组织结构 ………… 19

六、智慧出版研究的主要内容、研究思路、研究方法、创新之处 … 19

　　（一）主要内容 ………………………………………………… 19

　　（二）研究思路 ………………………………………………… 20

　　（三）研究方法 ………………………………………………… 20

　　（四）创新之处 ………………………………………………… 21

　　参考文献 ……………………………………………………… 23

第二章　图书出版商业模式构成要素实证分析 ……………… 26

一、图书出版商业模式研究设计 ……………………………… 26

　　（一）分析方法 ………………………………………………… 28

　　（二）样本选择 ………………………………………………… 28

　　（三）问卷设计与基本情况 …………………………………… 29

二、图书出版商业模式的基本构成要素 ……………………… 30

　　（一）图书出版商业模式构成要素解析 ……………………… 30

　　（二）建立结构方程模型 ……………………………………… 33

三、构成要素及其之间关系分析 ……………………………… 34

　　（一）构成要素分析 …………………………………………… 34

　　（二）要素之间的内在联系 …………………………………… 38

　　参考文献 ……………………………………………………… 39

第三章　大数据背景下图书市场主体关系的博弈 ………… 44

一、博弈论在图书市场研究中的应用 ………………………… 44

　　（一）图书市场与大数据 ……………………………………… 44

　　（二）研究现状 ………………………………………………… 45

二、出版市场主体在大数据背景下的关系和功能变迁 ……… 45

　　（一）出版企业 ………………………………………………… 46

　　（二）中盘 ……………………………………………………… 46

　　（三）读者 ……………………………………………………… 47

（四）作者 ……………………………………………… 47

三、出版企业之间的博弈 ………………………………… 47

    （一）传统图书市场环境下的"智猪博弈" ……………… 47

    （二）大数据环境下"智猪博弈"的改进 ……………… 49

四、出版企业和作者的博弈 ……………………………… 51

    （一）模型假设 ………………………………………… 52

    （二）模型求解和结论 ………………………………… 53

五、出版企业和中盘的博弈 ……………………………… 54

    （一）"囚徒困境"和重复博弈 ………………………… 55

    （二）中盘功能弱化的改进 …………………………… 56

六、中盘和读者的博弈 …………………………………… 57

    （一）动态不完全博弈 ………………………………… 58

    （二）模型分析与结论 ………………………………… 59

七、进一步讨论 …………………………………………… 62

参考文献 …………………………………………………… 64

第四章　大数据对出版企业的内生影响 ……………… 67

一、大数据优化出版企业的发行系统 …………………… 67

    （一）大数据帮助出版企业精准营销、发现读者的消费范式 … 69

    （二）大数据提升图书营销决策 ……………………… 70

二、读者的网上行为挖掘和图书的可发现性 …………… 71

三、形成以读者为中心的出版流程 ……………………… 72

    （一）优化选题策划过程 ……………………………… 72

    （二）以读者为中心的内容生产 ……………………… 73

    （三）满足个性化的读者需求服务 …………………… 73

四、大数据人工智能辅助图书编辑 ……………………… 74

五、大数据优化出版企业组织设计 ……………………… 75

    （一）组织设计概述 …………………………………… 75

    （二）出版企业传统组织模式及其弊端 ……………… 76

（三）大数据与出版企业的组织设计 ·········· 77

参考文献 ·········· 80

第五章　图书出版商业模式构成要素变迁及其原因分析 ·········· 83

一、图书出版商业模式的构成要素分析 ·········· 83

（一）传统图书出版商业模式的构成要素分析 ·········· 83

（二）有电商参与的图书出版商业模式构成要素分析 ·········· 87

二、基于大数据的图书出版商业模式构成要素变迁 ·········· 93

三、图书出版商业模式要素变迁的原因 ·········· 99

（一）经济变量 ·········· 100

（二）社会文化 ·········· 100

（三）技术进步 ·········· 100

（四）市场竞争 ·········· 101

参考文献 ·········· 102

第六章　大数据图书出版商业模式——社会网商业模式 ·········· 103

一、大数据背景下社会影响对出版企业的作用 ·········· 103

（一）大数据环境下社会影响的特点 ·········· 103

（二）社会影响促进出版企业的社会学习 ·········· 105

（三）出版企业的社会影响与其群体智慧的关系 ·········· 106

（四）利用社会影响促进出版企业快速发展 ·········· 106

二、大数据商业模式与社会物理学 ·········· 107

（一）社会网商业模式画布模型 ·········· 107

（二）社会网商业模式对出版企业的影响 ·········· 110

（三）社会网商业模式画布模型现实分析 ·········· 111

三、社会网商业模式分析与大数据对策 ·········· 114

（一）行为经济学与社会网商业模式 ·········· 114

（二）成功运作大数据的企业特征 ·········· 114

（三）实施社会网商业模式的折中策略 ·········· 115

四、图书出版的社会网商业模式的技术基础 …………… 116

　　（一）商务智能分析的高度有效性 ……………………… 116

　　（二）数据分析与挖掘技术 ……………………………… 117

　　（三）人工智能技术 ……………………………………… 118

　　（四）区块链技术 ………………………………………… 119

　　（五）云计算 ……………………………………………… 121

五、出版业构建社会网商业模式的基本条件 …………… 121

　　（一）按需印刷——实现图书的印刷成本与印数无关 … 121

　　（二）按需印刷——满足读者的个性化需求 …………… 123

参考文献 ……………………………………………………… 126

第七章　智慧图书中盘 …………………………………… 129

一、智慧图书中盘建立的必然性 ………………………… 129

　　（一）传统图书中盘在大数据环境下的不足 …………… 129

　　（二）大数据环境下新型图书中盘对图书市场应有的功能 … 130

　　（三）大数据环境下图书市场呼唤智慧图书中盘的诞生 … 131

二、建立智慧图书中盘的可行性分析 …………………… 135

　　（一）智慧图书中盘的硬件支持分析 …………………… 135

　　（二）智慧图书中盘的软件技术系统支持 ……………… 137

三、智慧图书中盘的候选者优势分析 …………………… 141

　　（一）大型电商成为智慧图书中盘的优势 ……………… 142

　　（二）传统图书中盘成为智慧图书中盘的优势 ………… 142

　　（三）上市出版集团成为智慧图书中盘的优势 ………… 143

四、智慧图书中盘的功能分析 …………………………… 144

　　（一）智慧图书中盘的主要功能 ………………………… 145

　　（二）智慧图书中盘的大数据功能和服务 ……………… 146

　　（三）智慧图书中盘的自我代谢和技术创新 …………… 147

参考文献 ……………………………………………………… 148

第八章　出版企业社会网商业模式与智慧图书中盘的再分析 …… 150

一、社会网商业模式与智慧图书中盘的大数据协同 ……………… 150

　(一)社会网商业模式是大数据的产物 ……………………… 150

　(二)出版企业社会网商业模式与智慧图书中盘的大数据协同 ……… 151

二、大数据环境下的图书产业链分析 ……………………………… 152

　(一)图书产业链结构变迁 …………………………………… 152

　(二)大数据环境下图书产业链的自我完善 ……………………… 152

三、大数据出版 …………………………………………………… 157

参考文献 …………………………………………………………… 161

第一章

绪　　论

当今是一个飞速发展变化的时代,网络技术革命的浪潮汹涌澎湃,人工智能、区块链、机器学习、云计算等技术风起云涌,不断赋予市场新的理念和动力,驱动着商业模式不断演变。各行各业与时俱进,日新月异,一大批企业凭借新型商业模式脱颖而出,甚至腾飞,如国内的当当、京东、格力、淘宝、海尔,国外的APPLE、IBM、亚马逊、eBay 等。审视这些成功的企业,可以看出,它们与互联网数字信息技术的发展密切相关,它们因凭借大数据技术超越自己的老本行而跨界到新的商业领域并获得长足发展。

大数据让人们看到了无限的商机,一切皆有可能发生,图书市场也不例外。例如实体书店明亮的厅堂将成为青少年们学习和交流的中心。可以预见,未来十年将是中国商业领域大变革、大发展的时代,人们的生活方式会随之发生重大变化。未来十年将是数据重构商业,流量改变市场,各种数据通过互联网汇聚而成的“思想流”,会演变成新的商业模式,促进行业的变革、市场的繁荣和技术的进步。在大数据时代,资本流正随着消费者习惯的变化而改变流向,各行各业会随着这种变化而变革自身,否则将面临出局。在大数据背景下,图书出版业的变革如何演绎,变革的方向又在哪里?

一、出版业态的重大变革

大数据是数据采集、传输、加工、分析、存储、使用、开放、服务等多个环节构成的信息服务的技术链,与新闻出版业有着天然的联系[1]。在大数据深刻影响各行各业的今天,图书出版业也不例外,很多出版企业和图书销售商对大数据在图书出版与发行中的应用进行了有益的尝试。例如,人民教育出版社就专门成立了数字出版公司,结合我国中小学课程体系建立了深受广大教师和学生欢迎的“人教数字校园”,吹响了大数据与图书出版业融合的号角。

大数据技术,包括数字技术在图书出版业中的推广和应用,正悄悄地改变着图书商业模式。以互联网为平台的网络出版得到较快的发展,数字出版已经成为新的出版形式,促进了数字出版物的内容形式与制作方法的进步。无论是在数字终端设备上看到的电子图书,还是拿到手上的纸质图书,可以说是异曲同工,相互补充。数字出版正展现出强大的生命力,除了图书内容外,图书的出版过程也正朝着数据化方向发展,越来越多的信息技术被应用到图书出版的流程中,出版效率越来越高,图书质量越来越好。一些崭新的出版形式已经出现,如自助出版、众筹出版和网络出版等,在很大程度上提高了图书出版的速度与传播的精度。网络图书产品依托互联网使出版及传播极为快捷,能够很快引起读者的共鸣。网络出版与纸媒图书出版相结合,遴选出优秀作品进入正式出版流程,转化为图书市场的畅销作品,例如《明朝那些事》就是通过这种出版形式而大获成功的。在大数据发展时代,图书出版逐步形成多元共存的业态,拥有广阔的发展空间。

2017年9月新闻出版总署在《新闻出版广播影视"十三五"发展规划》中提出,到"十三五"期末,实现国民综合阅读率达到81.6%,国民数字化阅读率达到70%,年人均图书阅读量5册,年人均电子书阅读量4册。这个目标在"十三五"期间只完成了一部分。2019年8月30日,第九届中国数字出版博览会主论坛暨中国数字内容服务大会在北京落下帷幕。在本次大会上,中国新闻出版研究院院长魏玉山发布了《2018—2019中国数字出版产业年度报告》,总结了2018—2019年我国数字出版行业的发展成果:"截至2018年底,我国数字出版产业的累计用户规模达到17.32亿人(家/个)(包含了重复注册和历年尘封的用户等)。网络游戏的用户规模数在经历了2008年至2017年十年跨越式的大幅增长后,在2018年有一定幅度的降低。在线音乐用户数保持平稳增长。另外,原创网络文学注册用户数从2009年统计开始,一直保持着稳定的增长势头。2018年,移动出版收入规模为2007.4亿元,在线教育收入规模为1330亿元,网络动漫收入规模为180.8亿元,三者在数字出版收入规模的占比为42.23%,与2017年基本持平,这表明移动出版依然是数字出版发展的主力军,具有较强的发展潜力;在线教育作为数字教育出版发展最为强劲的部分,其市场格局已基本形成,资源趋向集中化,头部效应明显;网络动漫经过多年的探索与坚持,培育了大量付费用户,推动网络动漫的消费市场实现了良性发展。"[2]

根据相关统计资料我们编制了表1.1,从中可以看出,传统书报刊数字化收入占比持续下降,这说明传统出版企业数字出版业务收入增长低于网络游戏、网络广告、移动出版的增速,表明出版企业数字化转型升级融合发展仍然需要加快速度,在出版技术、产品研发与市场应用等方面应有所提升。

表1.1 2015—2018年传统读物(报刊)数字化收益统计

时间	总收入/亿元	数字化收益占比/%
2015年	74.45	1.69
2016年	78.5	1.37
2017年	82.7	1.17
2018年	85.68	1.03

注:表中数据源自新闻出版广电总局网站。

图书出版的数字化市场没有其他行业发展迅速,我国人均购书册数二十几年内变化不大,但是图书库存却直线上升,资金周转期长是出版企业痛点。另一方面我们从表1.2中也可以看出,相对于其他的数字产业,图书的数字化市场发展相对缓慢。2018年全国移动出版收入虽然达到2007.4亿元,而电子书的总量才56亿元,占出版收入总量的0.68%,比2017年的0.76%还略有下降。这表现出图书价值链需要进一步整合,图书出版商业模式需要重构或升级。

表1.2 2016—2018年我国数字出版收入

类别	收入/亿元			占总收入比例/%		
	2016年	2017年	2018年	2016年	2017年	2018年
互联网广告	2902.7	2957	3717	50.74	41.81	44.6
移动出版	1399.5	1796	2007.4	24.46	25.4	24.1
在线教育	251	1010	1330	4.39	14.28	15.96
网络游戏	827.85	884.9	791.1	14.47	12.51	9.5
网络动漫	155	170.8	180.8	2.71	2.42	2.1
博客	45.3	77.13	115.3	0.79	1.09	1.3

续表

类别	收入/亿元			占总收入比例/%		
	2016 年	2017 年	2018 年	2016 年	2017 年	2018 年
电子书	52	54	56	0.91	0.76	0.68
在线音乐	61	85	103.5	1.07	1.2	1.25
数字报纸	9	8.6	8.3	0.16	0.12	0.1
互联网期刊	17.5	28	21.38	0.31	0.4	0.26
总计	5720.85	7071.93	8330.78	100	100	100

注:本表数据来源于《2016—2017 中国数字出版产业年度报告》《2018—2019 中国数字出版产业年度报告》。

在大数据驱动行业变革的时代,图书出版业是选择坚守传统还是选择变革,需要出版企业根据自身优势和发展战略作出决策。正如中国新闻出版研究院副院长张立所说:"出版者首先应想清楚是否会真正用到这些系统去改变现有的内容生产模式。如果一个出版企业的特点和优势就是出品有收藏价值、装帧有特色的图书,那它就没有必要做电子图书。"张立认为,坚守就是要坚守内容,做好从内容产业往知识产业上转型。变革就是"跨界",愿意用新思路、新方法,把内容产业做大、做深、做强、做得更有价值。无论选择坚守还是变革,都有成功或失败的可能[3]。

二、当前图书出版业面临的问题

《2017—2018 中国数字出版产业年度报告》和《2018—2019 中国数字出版产业年度报告》共同反映出,随着产业发展渐趋成熟,图书出版产业发展的重心又回到内容价值本身。数据和技术对产业的支撑作用将进一步加强,并不断提供优质、个性化的内容服务;内容生产创作专业化程度进一步加深,优质内容的供给能力持续加强。从新媒体的发展态势来看,大数据出版最有可能打破出版业的当前困局,对出版业有着革命性影响。这些影响一方面体现在出版载体、传播方式、管理流程、营销渠道的信息化、数字化和网络化,ERP 建设、在线发行、电子书同步出版等新业务不断涌现,出版企业开始了大数据出版的再造流程,纷纷试探新的出版形式;另一方面,信息技术服务商介入图书出版业,内容集成、多媒体出版、在线查询与搜索等新的出版形式蓬勃发展，大数据出版技术对出版业的推动作用初见成效。面对大数据融合行业发展的趋势，出版社有的跃跃欲试，有的忧心忡忡，有的驻足观望，很多始终没有迈出实质性步伐，特别是大学出版社。出版企业对新型商业模式的模糊认知使出版业的未来发展充满挑战。

大数据出版的产业主体是现存的大大小小的出版企业。1999年以来，尽管各出版企业就开始涉足各种形式的出版，经历了政策刺激性的迅猛发展和出版转型，但就其效果来看，却不尽如人意。究其原因，还是图书出版业和大数据之间没有形成默契，没有形成大数据环境下合适或成熟的商业模式。

（一）大数据出版产业链构建不完善

随着我国经济水平的提高、国民文化素质的提升、计算机和网络信息技术的发展，我国出版业的规模也呈现良好的发展态势。但是在大数据环境下出版产业链上出现了一系列问题，主要表现在产业链的各个环节及组成各个环节的企业之间的架构不够完善，产业链内各环节之间缺乏有效的沟通与交流，大都是从自身利益出发来思考利益的分配，存在一定的行业错位，使得在大数据融入图书产业链各环节时，原有的分工和定位发生了变化，但又不能形成相适应的新的分工和定位，以致业内互相侵扰，盗版侵权、恶性竞争等现象时有发生，产业链整体发展不健康，效率难以提高。特别是图书电商进入图书产业链后，对传统图书产业链的冲击巨大。

（二）大数据环境下图书出版产业循环渠道不畅

图书出版产业链中为读者提供核心需求的内容提供商——出版企业应是整个行业的主导环节。但是当大数据渐渐融进出版产业链后，图书电商和网络技术服务提供商在图书出版产业链中异军突起，处于强势地位，而作为内容生产者的出版企业却处于弱势地位。事实上作为内容资源生产者的出版企业，为提供的每一个图书产品都要付出巨大的劳动。但由于盗版等问题的存在，作者和出版企业的权利得不到有效保障，大大影响了出版企业和作者参与出版内容开发的积极性，出版企业作为出版产业链主要环节的主导性大大削弱。

技术、数字平台和网络服务提供商，由于其自身在资金和技术方面的优势，占据了目前出版产业链的强势环节。虽然它们也是大数据出版的强力驱动者，但由于新型产业链尚未形成合理分工，每个强势企业都试图独自占领整个产业链,未能专注于自身的优势领域。另外很多读者也被眼前利益所吸引,满足于免费等消费模式,版权意识淡薄,这也是造成渠道不畅的重要原因之一。这些因素都成为新型出版产业链畅通循环和健康发展的桎梏。

(三)大数据图书出版产业链盈利模式尚未完善

1. 盈利模式混乱

目前传统图书中盘功能基本丧失,图书产业链内部缺乏完善的合作机制,各环节又具有各自的优势,环节与环节之间、个体与个体之间的信息也缺少流动性。产业链内部各环节只关注自己的利益,当产品流经某个环节时,该环节的企业会尽可能使自身的利益最大化,而往往忽略其他环节的利益。这样就会导致利益分配不合情理,甚至有不道德的现象发生。出版盈利模式混乱,使众多拥有优质图书内容的出版企业不敢深入涉足开发出版数据资源。

2. 盈利水平不高、品牌建设弱小

随着版权保护法规和技术的日臻成熟、阅读终端硬件设备的普及和传统出版企业内容资源的整合,有些大型出版集团在图书数据资源开发和数据出版市场强力推进下,取得了不菲的业绩。但在品牌效应方面,竞争力普遍较弱,在国际出版领域尚处于弱势地位,缺乏诸如施普林格、培生等在国际上富有影响力的出版品牌。

3. 盈利模式单一

目前我国大数据出版还局限于数字出版,盈利模式多为 B2B 模式、出售广告模式和阅读收费模式等。就单个企业或单个数字出版产品来说,存在盈利模式单一、盈利能力有限等状况,这在一定程度上制约了大数据出版产业的发展。例如在电子书市场,当前采取数字版权保护技术,可以实现"按复本数销售",但是这种模式并不被普通读者接受,也不被出版界看好。

(四)出版企业对大数据出版持观望态度

目前业内已经普遍认为大数据是提高传统出版绩效的利器,利用大数据是大势所趋。但在传统出版依然占主流的现阶段,很多出版企业对开发出版数据资源依然持观望态度,更不用说与大数据融合了,主要有以下两个原因。

1. 商业模式不清晰

商业模式建立、战略规划制定、人员机构配置、技术系统搭建、产品设计、市

场开拓、运营经验积累等各方面,都需要较长时间的探索[4],才可能在未来大数据出版时代具备生存能力。在商业模式不清晰的前提下,观望是众多出版企业的共同心态。

2. 资金有限

按照波士顿矩阵模型,目前传统出版属于现金牛类业务,并将逐渐进入衰退期。而开发出版数据资源虽然属于明星业务,但仍处于产品生命周期中的导入期,此时应该将现金牛类业务的利润投入明星业务中去,以保证大数据出版在上升阶段有足够的资金来源,良性进入成长期以及成熟期。而在资金有限的前提下,各出版企业的观望等待也就不足为奇了。

我国图书出版业经过近百年的发展已经形成了一套完整而成熟的商业模式,整条产业链上的每个节点都清楚自己运营和盈利的方式。但是随着大数据技术的出现,传统图书出版商业模式正被逐步颠覆,而新的商业模式还没有形成。出版企业仍然按照固有的模式运行,产业链上的每一个节点依旧在原有的盈利模式中发掘利润。这就向我们提出了全新的、关键的问题:大数据对图书出版业会带来哪些冲击? 大数据时代图书出版业如何创新或构建适应大数据商业环境的商业模式?

三、图书大数据出版研究概述

(一)国外对大数据出版的研究

国外对大数据出版的研究主要有三个维度:技术维度、产业维度和信息传播维度。

技术维度的研究,主要是针对大数据智慧出版的软件、阅读器、电子书、浏览器等技术的研发,目前主要局限在数字出版技术上。一些专著中阐述了这些技术的发展和演变,如《网络出版》(*Publish It on the Web*)[5]、《哥伦比亚数字出版导论》(*The Columbia Guide to Digital Publishing*)[6]、《数字出版手册》(*The Handbook of Digital Publishing*)[7]等。这些著作向读者介绍如何制作数字出版物,讨论数字出版的相关技术。

产业维度的研究,主要讨论开发出版大数据资源的发展和所面临的问题。目前这一类的研究成果有《电子出版》(*Electronic Publishing*)[8]、《电子书的市场》(*Markets for Electronic Book Products*)[9],这些文献对大数据智慧出版的市场契机、发展未来、读者群,以及新经济格局下的出版等方面有一定的参考价值。

信息传播维度的研究,主要分布在未来学、传播学、社会学等文献中,如哈罗德·伊尼斯(Harold Inns)的"传播媒介的偏向"理论,麦克卢汉(McLuhan)的"媒介即信息""媒介是人体感观的延伸"等理论,巴伦·李维斯(Byron Reeves)和克利夫·纳斯(Clifford Naas)《媒体等同》一书中提出的"媒体——真实的生活"等观点[10-12]。这些观点或理论只是将大数据出版看作是一种传播媒介,思维限制在数字出版,并对这种媒介传播的特点、方法及发展进行了探讨,有较大的局限性。以上研究仅仅是针对数字出版开发的一个方面,事实上大数据出版的研究范围要远远超出对数字出版的研究。

2011年麦肯锡全球研究院发布了关于大数据的报告,指出数据将来会成为重要的生产要素,并且已经渗透到各行各业[13]。大数据的应用领域是当前大数据研究的焦点,但是大数据在图书出版领域的研究还比较少。英国学者维克托·迈尔-舍恩伯格(Viktar Mayer-Schonberger)在《大数据时代》一书中认为亚马逊拥有大量数据化的内容却没有通过文本分析发掘出更大的价值,这对于出版企业而言是一个很大的损失[14]。亚历山德拉·奥尔特(Alexandra Alter)提到,包括Nook、Kobo、Kindle在内的电子阅读器都开始记录读者的阅读行为,这些电子阅读数据已经对出版流程带来了多方面的变革[15]。

(二)国内对大数据出版的研究

国内对开发出版数据资源的研究多集中于数字出版,可以分为两类:一类是在传播学、文艺学、社会学中研究数字出版,如黄鸣奋的《超文本诗学》、聂庆璞的《网络叙事学》,以及翟本瑞的《网络文化》都是典型的研究著作;另一类是直接聚焦于数字出版产生的研究,如黄孝章等著的《数字出版产业发展研究》、周蔚华等著的《数字传播与出版转型》、陈生明的《数字出版理论与实践》,是少有的几部将理论与实践联系起来全面介绍数字出版的专著。但是有关大数据智慧出版的研究甚少。

为了考察大数据出版的研究进展,我们检索了《中国博士学位论文数据库》《中国硕士学位论文数据库》《中国期刊全文数据库》等的相关论文。从检索结果来看,大数据智慧出版的研究或者专著甚少,数字出版的研究相对较多。在《中国博士学位论文数据库》《中国硕士学位论文数据库》中以"数字出版"为主

题进行精确检索,从 2013 年至 2018 年 10 月共检索到相关学位论文 569 篇;以
"数字出版 + 商业模式"为主题进行文献检索,共有 416 篇;以"数字出版 + 产业
链 + 商业模式"为主题进行检索,检索到 208 篇相关文献。在《中国期刊全文数
据库》以"数字出版 + 产业链"分别为主题和关键词进行精确检索,2013 年至
2018 年 10 月发表的相关论文为 309 篇;以"数字出版 + 商业模式 + 重构"为主题
的研究论文 14 篇。

关于图书市场出版、发行、流通和图书消费的研究已有很多。何露露基于大
数据背景分析了我国图书网络营销的困境及对策[16]。布雷厄姆·卡迈勒(Bra-
ham Kamel)介绍了版权技术、数字水印技术(DRM),以及网络在线的版权维
护[17]。赖政兵认为市场化是出版业的生机,必须创新出版业管制方式和方
法[18]。袁琳提出中国数字图书出版业最大的问题是以行政区域划分为基础的出
版体制[19]。但是,全面讨论大数据与智慧出版的理论很少,与实践相结合的研究
几乎没有。

将博弈论应用到分析图书市场研究的已有很多。贾宁芳探讨使数字图书
馆和数字出版机构合作共赢的博弈均衡[20]。张军娜通过对数字出版业和传统
出版业的博弈分析,提出发展数字出版的策略性建议[21]。林全等分析了传统
图书分销模式走向"囚徒困境"的原因,认为以服务为中心的分销模式能够减
少冲突[22]。郑小强认为政府参与图书盗版监管才能达成市场均衡[23]。胡象
明等对图书质量进行博弈分析,求得使出版社、读者达到"帕累托均衡"的条
件[24]。李纲等通过作者、数字图书馆和读者的利益关系博弈,指出保护数字图
书版权的重要意义[25]。但是,基于大数据背景利用博弈论讨论图书出版市场
还鲜有研究。

(三)大数据商业模式研究现状

李文莲等提出大数据对商业模式创新驱动的三维视角,大数据资源与技术
工具化运用,大数据资源与技术商品化推动大数据产业链形成,以大数据为中心
的扩张引发行业跨界与融合[26]。刘丹等引入 IT 能力作为中间变量,分析大数据
对企业 IT 能力的影响,以及 IT 能力对商业模式创新的影响,论证大数据对商业
模式创新的间接影响,从而构建基于大数据的商业模式创新分析概念模型[27]。
刘文昌等在大数据的基本特征的基础上,运用模糊综合评价的方法对大数据作
用于商业模式的影响进行评价,从而验证了大数据对企业商业模式产生了重大

的影响[28]。江娟等基于商业模式的组成要素、价值链和价值网络三个视角,多层面系统研究大数据对零售业商业模式创新的路径驱动[29]。大数据在图书出版商业模式的创新和发展还鲜有研究。

四、概念界定和理论基础

(一)概念界定

1.大数据

对于"大数据"(Big Data)这个概念,目前的资料都显示还没有一个较为权威的定义,每个专家学者的解释都有意义,他们从不同的角度对大数据进行了阐释。有人把大数据看作是一种资产[30],有人干脆把大数据看作是一个实时的巨大的数据集[31]。大数据是宽泛而且复杂的,需要数据专家用专业化软件工具去收集、管理和挖掘。我们认为,这些定义基本都来自某个视角,并不是全局,而作为一种社会变革的大背景,"大数据"基本上应包括三层含义:

(1)社会生活数据化。智能终端设备,特别是智能手机几乎将所有人、单位、团体的数据痕迹实时记录,泛化互联网化将实体(包括人)的行为数据都暴露在网络上,人们的行为可被监测、回放、预测,整个社会生活都可以用数据来呈现。

(2)数据生成的规模大、速度快。由于数据生成的实体被泛化,数据生成的规模大、速度快,信息也由单向传播向去中心化转变,网络如细胞裂变一样加速发展,数据体量呈爆炸式增长。

(3)数据处理技术飞速发展。信息通信技术(ICT)的发展使大数据的产生、收集、存储、处理、应用成为现实,大数据架构、功能和服务形态呈现出智能化、去中心化、泛在化等主要特征[32]。随着数据级别的跨越,数据处理模型从关系型数据库到数据仓库,再到数据可视化,正在不断地演变发展。据中商情报网统计,全球数据中心数量在 2017 年已经达到 840 万座,主要集中分布在美国、欧洲、日本和中国等地,这就为大数据技术出现细胞裂变式的发展提供了基础。

结合已有研究我们也认为大数据具有 6V 特征:大量(Volume)、高速(Velocity)、多样(Variety)、价值(Value)、真实(Veracity)、变化(Variability),如图 1.1 所示,但也有人认为最后一个特征是 Vulnerability(易受攻击)[33]。

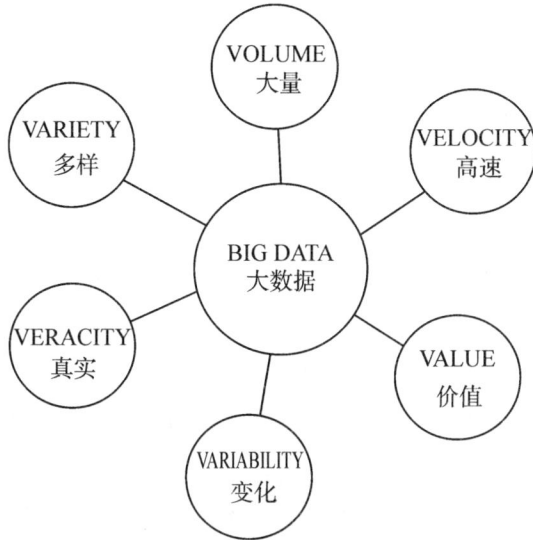

图 1.1　大数据 6V 特征

（1）大量（Volume）。从 B（Byte）、KB、MB、GB、TB，到 PB、EB、ZB、YB 等，数字宇宙的边界不断扩大。自从人类发明印刷术以来，过往上千年的印刷材料也只相当于 200 PB。中国通信网数据显示，2017 年第三季度，全球移动数据流量季度同比增长约 10%，年度同比增长约 65%。可见"大数据"本身就是一个不断发展的概念，对这些海量数据的存储和处理，已经大大超过了传统企业 IT 架构的承载能力。

（2）多样（Variety）。企业内部的经营交易信息、物联网中商品、物流信息、互联网世界中人与人之间的交互信息、位置信息等都是大数据的主要来源。数据来源多元化，规模大小、格式都可能不尽相同，绝大多数都是非结构化数据，例如视频、微信、QQ、微博、互联网搜索等。尽管企业的 IT 部门已经能够非常熟练地处理结构化的交易数据，但是对于快速增长的非结构化数据的分析，只有利用专业化的大数据分析技术才能揭示其中的规律、知识或者模式。

（3）高速（Velocity）。处理速率是区别大数据应用和传统数据仓库技术、商业智能技术的本质差别的依据之一，特别是涉及感知、传输、决策、控制开放式循环数据的数据处理。例如网上交易或者金融证券业务等相关应用，对实时处理数据都有着极高的要求。在今天，实时处理数据所需的存取和计算技术已经取得了巨大进步，所有存储、记忆、运行、带宽等要素成本都稳步下降。例如，1981年一个千兆字节的内存大约需要 30 万美元，而今天只需 10 美分。数据实时处理实现了创新商业价值的大数据应用,这让一个公司对市场变得更加机敏。

（4）价值（Value）。大数据背后隐藏的就是巨大的经济利益,企业需要对数据作参照、关联、对比分析,应用独到的思维和高超的技术挖掘大数据中的价值。大数据的价值来自其预测能力和真实性。对大数据的分析结果就是大的商机,大数据已经成为这个时代企业变革和创新的逻辑起点。

（5）真实（Veracity）。大数据是真实可信的,它的数据源可信,处理过程建立在可信的计算基础上,去伪存真,存储被严密保护;大数据使用过程中是经过授权和访问控制的,数据修改可以追踪溯源。

（6）变化（Variability）。变化性也是大数据的一个重要特征。大数据来源多元,形式多样,规模大,速度快,瞬息万变。这就要求我们及时发现变化的数据中蕴含的不变的或稳定的模式、结构或者规律,并利用这些模式、结构和规律为企业创造价值。

综上所述,大数据已成为一种生产要素,它为企业提供了一种全新的竞争优势,为企业解决问题、发现价值、创造价值提供新方法、新路径。大数据更是一种技术,为整个社会系统更为顺畅、高效地运行提供新的保障。大数据还是一种思维,是企业对资源、要素、组织、价值重构的逻辑起点。大数据正在改变资源环境、技术环境、产业环境和需求环境,任何企业都需要对"为谁创造价值""创造什么价值""如何创造价值""如何实现价值"的问题进行重新思考。大数据环境下的商业模式的创新是20世纪以来人类社会最重要的变革之一。

2. 商业模式

"商业模式"的概念起源于20世纪50年代,但直到20世纪90年代后才流行起来。全球化、信息技术的发展、产品生命周期的缩短,使得企业的竞争格局发生了巨大的改变。"商业模式"成为研究热点的一个重要原因是泛互联网产业的快速成长。互联网似乎可以用来做任何事情,几乎可以挑战任何既成的行业,日新月异的技术吸引了众多的创业者,各行各业的传统企业纷纷寻求新的途径让自己的业务向互联网靠拢。

商业模式的定义有很多,一般认为,商业模式是为实现客户价值最大化,把能使企业运行的内外各要素整合起来,形成一个完整、高效、具有独特核心竞争力的运行系统,并通过最优实现形式满足市场需求,实现客户价值,同时使这个运行系统达成持续盈利目标的一个整体解决方案。目前,最为管理学界接受的是奥斯特瓦德(Osterwalder)、皮尼厄(Pigneur)和图奇(Tucci)在 2005 年发表的《厘清商业模式:这个概念的起源、现状和未来》("Clarifying Business Model: Origin, Present and Future of the Concept")一文中提出的定义:"商业模式是包含了一系列重要元素及其关系的概念性工具,用以阐明某个特定实体的商业逻辑。它描述了公司所能为客户提供的价值以及公司的内部结构、合作伙伴网络和关系资本等用以实现(创造、营销和交付)这一价值并产生可持续、可盈利性收入的要素。"[34] 这个定义明确了商业模式的五个特征:

(1)内容丰富,包含很多要素,不是一个单纯的概念;

(2)具有个性,是一个行业或企业特定的商业逻辑;

(3)关注客户,能对客户价值进行详细描述(显性价值与潜在价值);

(4)是对行业或企业的构架以及合作伙伴关系的描述;

(5)是可持续性的收入流。

综上,商业模式是一种建立在多种要素及其关系上,用来说明特定行业或企业商业逻辑的概念性工具。商业模式说明该行业或企业如何通过创造顾客价值、建立内部结构,以及与伙伴形成网络关系来开拓市场、传递价值、创造关系资本、获得利润并维持现金流。

事实上,在企业应用层面上,"商业模式"是一个常说常新、含义模糊的词汇。有人把它理解成盈利的模式,也有人认为它是产品、技术、流程、策略,或者销售渠道。例如马克·约翰逊(Mark Johnson)、克莱顿·克里斯坦森(Clayton Christensen)和孔翰宁(Henning Kagerman)共同撰写的《商业模式创新白皮书》把商业模式概括为三个要素:客户价值主张、资源和生产过程、盈利公式。客户价值主张,指在一个既定价格上企业向其客户或消费者提供服务或产品时所需要完成的任务。资源和生产过程是支持客户价值主张和盈利模式的具体经营模式。盈利公式是企业用以为股东实现经济价值的过程。奥斯特瓦德和皮尼厄提出商业模式画布模型(Business Model Canvas),将这一概念更加清晰化,并使得整个计划制订过程更为生动[35]。商业模式画布模型简洁明了、清晰生动,是本书讨论智慧出版商业模式所采纳的模型。

(二)理论基础

1.博弈论

本书采用博弈论的方法对图书市场进行研究分析。博弈论,英文是 game

theory,又称对策论,是关于策略相互作用的理论,置身于博弈之中的每个人必须根据局中其他人的反应快速作出决策。博弈论的基本构件包括局中人、策略、支付函数、均衡等。局中人是博弈的参与者;策略是参与者在博弈某点的决策变量,所有的策略称为策略集,包括的策略可以是有限个,也可以是无限个;支付函数是每一个策略组合带给局中人的收益,根据问题背景不同,支付函数可以是损益函数,也可以是效用函数,是每个参与者真正关心的内容;均衡是所有局中人的所有最佳策略的组合,如均衡策略组合、均衡行动组合、均衡支付组合等[36]。

博弈论通常认为博弈顺序和信息是博弈的关键。以博弈顺序来划分,博弈可分为静态博弈和动态博弈:静态博弈是指博弈参与者同时作出决策或者双方不知道对方策略;动态博弈是指博弈参与者作决策有先后顺序,且后者在观察到前者的策略后再作决策。以信息角度来划分,博弈可分为完全信息博弈和不完全信息博弈:完全信息博弈是指每一个局中人都知道其他局中人的策略空间、支付函数等信息,反之就是不完全信息博弈。

图书市场的供求过程是一个典型的具有市场博弈特征的竞争性商业活动。在图书市场内,各参与人策略行动的收益都受到其他参与人决策的影响。因此,决策的每一个参与者,必须考虑其他参与人的反应,并根据反应作出最好的决定,这是博弈论研究的逻辑起点。

2. 彭特兰的社会物理学(Social Physics)

本书的理论基础是大数据背景下的社会物理学。社会物理学是法国社会学家、哲学家奥古斯特·孔德(Auguste Comte)在 1830—1842 年提出的,以社会静力学和社会动力学来分析社会现象,意图发现社会不变的规律,以有利于实现社会秩序的和谐[37]。孔德的六卷著作《实证哲学教程》(*The Course in Positive Philosophy*)强调以事实为依据,采用观测、实验、比较和历史的研究方法,以便可以得到与自然科学相媲美的社会科学规律。现代的社会物理学的基本理论依然建立在孔德的思想基础上,是应用以物理学为代表的自然科学中的成熟思路、概念、原理和方法,去揭示、模拟、移植、解释和寻求社会行为规律的一门交叉学科[38]。

孔德的社会物理学的依据是牛顿经典力学,它把社会中的个体当作物理学中的"质点",把情感、欲望、意图等看作是每个个体质点的参数,用静力学来分析社会结构,用动力学来分析社会演化,忽略了人类社会内在的丰富性,这一点从认知神经科学可以看出[39]。在孔德的眼中,社会结构及其演化的形式服从牛顿力学原理,完全是外在的,人们参与社会活动被看作是物理行为,忽略了人的主观能动性。

在大数据背景下,人们的外在行为数据不仅容易被捕获,而且可以对此做即时的分析。美国学者亚历克斯·彭特兰(Alex Pentland)近年来极大地发展了孔德的社会物理学,引入"思想流"(idea flow:在此我们翻译为"思想流",事实上它更接近于"思路"和"点子"的意思)这个重要的概念。"思想流"是指人们的思想、观念、知识和对事物认知在人际(城市、公司、家庭)之间的相互传播、交互、更新、升华等互动行为。"思想流"的动力源泉是人们的社会参与,包括参加社会组织、团体,各种形式线上或线下的活动、交流、讨论,并催生新的想法。好的"思想流"来源于严谨和持续的社交网络,是现代社会构建的重要驱动力。彭特兰认为,"思想"以及"思想流"是打开人类交互活动秘密的钥匙,通过对"思想流"的测量来构建社会、改变团体状态、获得人际交往的启发。彭特兰的社会物理学的核心思想是,"思想"的交换是如何驱动并改善人们的行为,人们是如何通过大量地参与合作来发现、选择和学习新的策略并协调行动。在互联网特别是移动互联和社交网络纵横天下的今天,彭特兰的社会物理学与孔德的最大差别是提出了"思想流"这个主观能动的概念,从全新的视角来看待人类关系的构建、社会结构的演化。互联网、移动互联等设备使人类第一次获得了真正了解自己和社会演化的数据,让我们更好地懂得自己,利用这些数据构建更加和谐的人类社会。但是,"思想流"的测量是一个很实际的问题,这里的测量不是传统意义上的统计学分析,而是实时的、全面的社会测量,这是现在社会学研究的基石,也只有在大数据时代才可以实现[40]。基于"思想流"的社会测量有三个关键词:流动性、社交网络、可视化。例如话题的轮换次数具有流动性,是测量"思想流"的一个重要指标。彭特兰发明的"社会计量标牌"可以实时记录对话者的话题轮换、说话频率、相对视角、语气、语速等,通过这些参数来刻画谈话者之间的交互关系。"思想流"的动态测量是对人们社会纽带强度的度量,而社会纽带强度是促进合作机制的基础。在《智慧社会》这本书里有很多有关"思想流"测量的例子,如第四章里有"如何改进团队的表现""让呼叫中心变得更有效率""让销售团队更具有效率""银行互动模式与创意产出""以87.5%的准确度预测哪一天最有创意"等。这些"思想流"的测量都是大数据的力量,这些数据规模从几十吉字节到几百吉字节。通过对这些在人群、社区、组织或团队中采集来的各类数据(甚至包括表情数据)的全面分析,得到过去无法得到的结果、模式和知识,以实现想法的更新、升级,从而优化组织的结构,提高组织的效率,或者发现新的工作方式(创意)等。

过去,经济学等社会科学研究所依赖的数据非常匮乏,科学家难以了解社会经济的内在变化过程,大多以逻辑方式来推导。但随着智能硬件和大数据的出现,人们能够观察人类社会组织结构微秒级别的变化,以及数百万人之间互动的情况,所发现的规律能够帮助人们可靠地设计组织的表现并预测组织如何应对未来遇到的新情况。

"思想流"是如何革新组织结构的?我们列举彭特兰研究得到的一些组织变革的新方法[39]。

(1)创建快速完成任务的组织方法是社会网络激励。社会网络激励可以鼓励更多的人参与到组织中来,从而可以快速完成既定的任务。没有网络激励的组织,成员往往不会相互帮助,也不会维持高水平的组织绩效。

(2)"高压力"带来高互动。所有的组织都是动态的,可以预测它们的"思想流"网络对"高压力"(新的事件或者新的情况)的反应变化。当一个团队面对"高压力"时,它需要产生新的互动习惯来适应这种压力。互动不仅会增加成员之间的相互支持,而且互动的改变也会引起生产效率的改变。社会网络激励与互动网络的变化非常相似,减压也会推动建立新的互动模式。

(3)信任是驱动"思想流"的社会资本。不断增进的信任能够带来更多的"思想流"和更高的效率。社会纽带的强度反映了社会接触的频率,社会纽带强的同伴带来的社会影响为"熟人"的两倍多。因此对社会纽带的投资是非常重要的,也是必要的。构建强有力的社会纽带对"思想流"有利,但也会带来强的压力,从而成为促进合作最有效的机制。

(4)社会信号是那些可以准确识别和衡量"思想流"或决策过程的互动模式,而这些互动模式与内容无关。例如,常见的拒绝、同意、参与等行为的社会信号是谁打断谁、交谈的对象与说话的频率等互动模式,它们与内容无关,甚至无意识地模仿对参与者也有重要的影响。社会信号决定了人们在社会网络中的位置。社会信号用来预测协商(或者推销)的结果、决策的质量,以及人们在团队中扮演的角色。

彭特兰的社会物理学不仅为组织的变革提供了很多好的方法、思想、观念,还对群体智慧、创意、效率、智慧城市、智慧社会等提出许多有益的见解。他强调思想和信息的流动性，引入了"思想流"这一互动概念，试图通过大数据感知人们的情绪、心理，探索社会结构、认知结构的演化规律，驱动社会结构的优化。彭特兰的价值在于把社会交往与关系看作是认知社会的基础，并将"思想流"以其流动模式与结构呈现在参与者面前。这样社会学就从关注个体转向关注社会网络中的关系，以及互动和流动性，并能够结合心理学、认知科学、脑神经科学，具体地研究社会。正如启蒙运动的信念来自理性，互联网的信念来自互动和"思想流"。"思想流"是人们互动的产物，是具体的、丰满的，不仅仅是逻辑思辨过程，它不同于传统的人文社会科学。

彭特兰的社会物理学不仅是大数据条件下社会结构的溶解、裂变的化学反应，还是繁衍与遗传的生物学反应，甚至是选择与适应、合作与竞争的生态学反应。正如孔德的社会物理学的诞生离不开牛顿的力学体系一样，彭特兰的社会物理学同样也离不开大数据和互联网，它们都是时代的产物。

3. 商业模式画布

自 20 世纪 90 年代末至今，商业模式的研究主要集中在商业模式从何而来、如何创新、创新如何影响绩效等方面，从中不断地提炼商业模式的本质和属性，特别是针对商业模式的概念开展理论探索，并且将其与战略等相关概念区分[41]。一种新的商业模式回答的是企业依靠什么经营下去，为什么它能经营下去，如何完成其既定目标。

奥斯特瓦德和皮尼厄提出的商业模式画布是一种描述商业模式的通用工具，使商业模式可视化，便于评估和创新研究，包括了九个要素，即目标客户、价值主张、渠道通路、客户关系、收入来源、关键资源、关键活动、关键伙伴和成本结构。成本结构和收入来源是商业模式的两个基本构成要素，表示利润和为获取利润而支付的成本。关键资源、关键活动和关键伙伴分别是指保证商业模式运行所需的最重要的资产、活动、供应商以及合作伙伴网络，其目的是以尽可能小的成本获取更多的利润。目标客户是企业接触和服务的个人和组织。价值主张是指企业为特定目标客户创造价值的系列产品和服务。渠道通路是指企业连接目标客户且传递价值的通路。客户关系是指企业和特定目标客户建立的社会关系。目标客户、价值主张、渠道通路和客户关系是成本和收益的桥梁。商业模式画布很好地描述和定义了商业模式，厘清了企业创造价值、传递价值、获取价值的逻辑。出版企业在升级或者创新商业模式时,需要考虑与这些构成要素相关联的所有要素。

五、智慧出版研究的应用价值

每一种新的商业模式出现,都意味着一种创新、一个新的商业机会,谁能率先把握住这种商业机遇,谁就有可能在商业竞争中胜出。大数据智慧出版作为出版业的重要组成部分和未来发展方向,对于适应技术进步、满足市场需求、推进现代出版业的总体发展、传承人类文化具有重要意义。

(一)有助于人们正确认识大数据智慧出版的重要性

作为现代信息传播的重要组成形式,大数据智慧出版高度融合传统出版,如图书、报纸、杂志、广播、电视、电影、网络等媒介,在减少对传统载体高度依赖的同时,创造了读者高度参与的内容表现形式,有助于满足读者的需求,也有利于文化知识的快速推广与普及。大数据智慧出版不仅打破了作者与读者的界限,也打破了传统出版以内容载体来划分的传统格局,有利于打造一个更富有价值的产业链,有利于促进包括出版产业在内的文化产业发展与繁荣。

(二)有助于提升我国出版产业的国际竞争力

随着全球一体化和经济全球化的不断发展,白热化的市场竞争使得产业的边界变得模糊,资源在全球范围和各产业间寻求最优配置,跨国竞争和产业融合已不可避免。我国信息网络建设虽然取得了长足进步,但仍然处于快速发展和整合当中。而以大数据为依托的智慧出版产业的发展依赖于信息网络的建设和标准一体化服务。目前,我国出版产业链整体效率偏低,加上世界出版业巨头的强势进攻,我国图书出版业要想实现既快又好的发展,必须借助大数据整合图书出版产业链,重构图书出版商业模式。

(三)有助于出版企业转型开辟新途径

以大数据为依托的智慧出版带来的不只是内容的创作形式的变革,而且是全产业链上各环节价值体系的重构,这给传统出版企业的发展带来了巨大的发展机遇。传统出版企业须将自身优势与大数据有机融合,打造富有竞争力和生命力的发展模式,为出版产业发展开辟新的高速通道。

（四）有助于出版企业在转型的关键时期把控方向、掌握主动

在大数据环境下，出版业处于转型的关键时期，要更好地把控方向、掌握主动，就要积极主动地在大数据环境下对传统出版商业模式进行研究和探索。目的是让出版企业实现客户价值最大化，把能使出版企业高质量运行的内外要素整合起来，蜕变成一个完整、高效、具有独特竞争力的出版企业，并以最优的实现形式满足客户需求，实现客户价值，能够持续盈利，这是图书出版业的当务之急。

（五）有助于出版企业整合内部资源、优化内部组织结构

大数据对出版企业改造可谓内外兼修，不仅可以改善图书出版业主体外部运营环境，而且有利于整合内部资源、优化组织结构。大数据中包含着出版企业内部的管理数据，数据分析技术可以从中分析出企业目前的运行状况，评价运行效率，给出组织结构改善建议。例如 ERP 系统、企业信息管理系统都有这方面的功能。随着大数据技术的发展，数据提升出版企业管理，优化企业组织结构等作用会更大。

六、智慧出版研究的主要内容、研究思路、研究方法、创新之处

（一）主要内容

智慧出版研究将传统出版与大数据有机结合，重点对大数据环境下出版商业模式进行研究和探索，实现客户价值最大化、满足客户需求，整合企业内外要素，形成一个完整、高效的具有独特核心竞争力，持续盈利的运行系统，具体包括以下几点。

（1）从出版企业的视角出发，研究目前主流出版企业的商业模式构成要素，以及要素间的数量关系。采用的方法是向企业发放调查问卷，通过调查数据来发现这些出版企业目前所采用的商业模式，以便于发现现有图书商业模式在大数据市场环境下的不足之处。

（2）利用博弈论的思想，研究出版市场参与主体在大数据环境下的市场功能的变迁，特别是中盘的市场功能。

（3）利用社会物理学和行为经济学分析大数据对图书出版产业链产生的影响，分析其对产业链的各个环节的作用，以及大数据对出版企业内部组织优化的推动作用。

（4）基于社会网的复杂性原理,将大数据图书出版商业模式定位在以社会网为基础的商业模式,讨论各个构成要素及其关联关系,将企业的社会影响力视为社会网商业模式核心,并以此为中心展开讨论,探索智慧出版商业模式的重要特征。

（5）分析和探索传统图书出版、有电商参与的图书出版和大数据智慧出版三种图书出版商业模式的构成要素及其变迁的原因和动力。

（6）提出构建智慧图书中盘的设想,给出智慧图书中盘应该具有的市场功能,以及构建智慧图书中盘的可行性。

（7）以出版企业的视角对图书出版社会网商业模式与智慧图书中盘之间的相互协同关系进行研究。

（二）研究思路

本书的基本研究思路如图 1.2 所示,在对传统图书出版现状调研的基础上,对传统图书出版、有电商参与的图书出版和大数据智慧出版三者的商业模式的构成要素进行讨论,重点对大数据环境下图书智慧出版商业模式的构成要素及要素的变迁原因进行分析,提出大数据环境下图书智慧出版商业模式,并对其模式结构予以分析,探讨社会网商业模式与智慧图书中盘之间的关系,以及构建智慧图书中盘的必要条件。

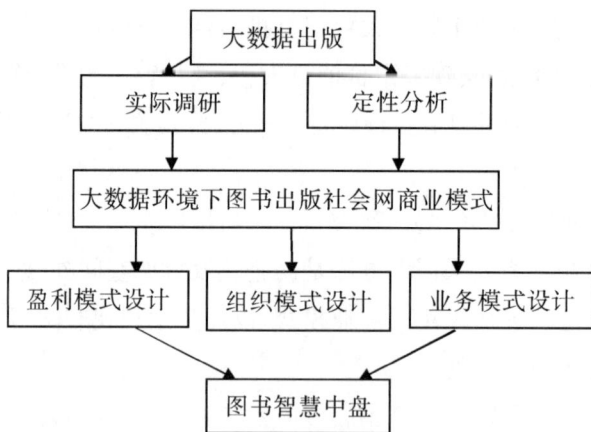

图 1.2 研究思路

（三）研究方法

本书以实际调研与定性分析、文献分析相结合的研究方法,根据社会物理学、行为经济学的基本原理,应用统计学、博弈论、商业模式画布等分析案例,系统展现在新技术格局下大数据智慧出版社会网商业模式和智慧图书中盘的全景图画,并拓展已有的研究。

（四）创新之处

1. 首次从商业模式的视角研究大数据时代的图书出版问题

传统图书出版业经过近百年的运营已经形成了一套完整的商业模式,整条产业链上的每个环节都相对清楚自己的运营和盈利模式,但是随着大数据、云计算、区块链、人工智能等技术的出现和发展,传统商业模式正在逐步被颠覆,而新的商业模式还没有诞生,这就向我们提出了问题:大数据对出版业会带来哪些冲击? 大数据环境下图书出版业应构建怎样的商业模式?

出版企业对这些问题的认识还处于探索阶段,关于大数据市场环境下图书出版商业模式的研究也不多见。已有研究对商业模式的探讨缺少产业分析和系统布局,一般仅限于对某种业务环节的探讨,对整个产业的系统关注并不多。例如对手机出版、网络出版等具体业务的探讨较多,而对于大数据出版与传统出版之间如何融合跨越的研究较少,特别是对图书出版产业链的核心环节——商业模式的研究几乎没有。带着这些现实问题,本书从实际出发,首先,利用统计学中的结构方程理论分析出版企业的调查数据,研究传统出版商业模式的构成要素;其次,利用社会物理学和行为经济学研究大数据市场环境下的出版商业模式;最后,将研究的视野放在图书出版产业链的核心节点——图书中盘,以构建大数据市场环境下的智慧图书中盘,并提出具体的建议和方法。

2. 建立了"产业链分析 – 价值链分析 – 商业模式选择"的分析框架

本书对图书出版产业链的重要节点——出版企业和图书中盘加以模块分解和产业链定位,在此基础上分析价值链环节的提升空间,再基于商业模式画布利用社会物理学、行为经济学研究大数据市场环境下图书出版商业模式的最优选择问题,以及从传统商业模式到新型社会网商业模式的升级路径和配套措施。

3. 创新点概述

总体上讲,研究的核心内容是围绕建立通用的商业模式结构分析商业模式画布,主要创新成果主要体现为以下三点:

（1）深化对商业模式本质的认识。商业模式的基本功能是提高经济体的交易效率,这是现代商业模式的本质属性与结构特征。由此可以认为,商业模式的本质是一种类似但不同于企业的组织形态,在加深理解商业模式本质的基础上,运用统计学结构方程理论分析出版企业调查数据,得到传统出版企业的构成要素及它们的构成原因。另外,我们将现代商业模式的概念细化为系统商业模式与企业商业模式两个层次。系统商业模式是指在大数据背景下嵌合在社会网络上的具有一定网络结构与活动逻辑的模式;企业商业模式是指为了保持竞争优势,企业在社会网络上,在商业理念引导下与利益相关者之间逐步形成的交易关系的总和。本研究还以出版企业在商业模式中的角色与作用将图书出版商业模式划分为主导型商业模式和从属型商业模式,特别强调图书出版商业模式在大数据环境下的主导型商业模式的结构变迁和价值创新。

(2)提出了大数据市场环境下图书出版商业模式的研究理论与研究思路。本书在深刻理解商业模式本质特征的基础上提出了一个比较系统的概念体系和理论构架。理论分析是基于以出版企业为核心节点的社会网络,应用社会物理学和行为经济学分析出版企业的商业关系、商业模式的构成要素、价值源泉和价值传递逻辑动力,以及商业模式构成元素及元素之间关系等,这些拓展性研究为我们提出的大数据市场环境下图书出版的社会网商业模式的研究提供了必要的支撑。

从商业模式角度看,凡是存在交易的场合都蕴藏着价值。沿着这个思路,本书从出版业参与主体关系、行为与价值传递逻辑动力三个维度入手构建研究图书出版商业模式的立体分析思路。其中,价值传递逻辑动力的分析是从发现图书出版商业模式的价值源泉出发,通过价值发现、价值聚集、价值锁定、价值交易,再到价值实现及价值分配的全过程。因此,三个维度的交叉分析思路涵盖了商业模式内部利益相关者之间可能发生价值交易的各种机会,从而形成了图书出版商业模式在交换网络上的有效交易空间。

(3)构建图书出版业新型智慧图书中盘。商业模式结构分析是在商业模式构成元素与商业模式价值传递逻辑动力分析的基础上建立的。研究发现,无论商业模式复杂程度如何,它都是由主体企业、合作伙伴以及顾客等基本元素构成的,这些元素之间的交易活动遵循价值发现、价值聚集(包括价值锁定)、价值交易,以及价值实现(包括价值分配)的逻辑展开。图书出版产业链上另外一个重要的主体企业就是图书中盘,它是价值传递的一个重要节点,担负着信息传递、金融支持、服务支持、物流支持等多项市场功能。在大数据市场环境下,出版企业需要依据大数据的新的商业模式提高经营管理水平,改善作者、读者管理和服务,发现市场机会,但是多数出版企业又缺少建立大数据管理企业的资金、技术、人才等资源,因此出版企业需要市场上出现为它们提供大数据有效服务的组织。传统图书中盘在电商的冲击下,已经退化为图书销售商,丧失了图书中盘的市场功能。事实上,大数据、云计算、物联网、人工智能等软硬件技术的出现和发展为智慧图书中盘做了技术上的准备,市场呼唤新型智慧图书中盘的出现。构建图书产业链上的智慧图书中盘是本书研究的核心和一个主要创新点。

综合以上要点,所谓智慧出版,狭义地讲,就是出版企业采用社会网商业模式,以新型智慧图书中盘的大数据分析结果为决策依据的出版,包括图书编辑、产品营销、读者分析、作者发现等一系列的经营决策行为。广义地讲,智慧出版是出版产业链的全面升级,是以新型智慧图书中盘为核心,以大数据分析结果为决策依据,对上下游关联企业的全面整合、提升,使产业链上企业的经营决策不再盲目。智慧出版除了对出版企业的全面支持外,还包括智慧物流、智慧金融支持、智慧库存等,以及销售终端的优化布局和即时印刷优化管理等方面。智慧出版是社会网商业模式和新型智慧图书中盘有机结合的出版。

参考文献

[1]柳斌杰.运用大数据打造出版业新优势[J].大数据时代,2018(07):10-19.

[2]张立,王飚,李广宇.迈向纵深融合发展的中国数字出版:2018—2019中国数字出版产业年度报告[J].出版发行研究,2019(08):16-21.

[3]张立.出版业有"大数据"吗?[J].出版人,2016(08):52-55.

[4]刘红,张冠勇,李金山,等.图书供应链管理模式的构建与应用[M].北京:北京邮电大学出版社,2014.

[5]PFAFFENBERGER B. Publish it on the web [M]. Boston:Academic Press Professional,1997.

[6]KASDORF. The columbia guide to digital publishing [M]. Columbia:Columbia University Press,2003.

[7]KLEPER. The handbook of digital publishing[M]. Upper Saddle River:Prentice Hall PTR,2001.

[8]MILLER,VANDOME,MCBREWSTER. Electronic publishing [M]. Saarbrucken:Alphascript Publishing,2010.

［9］COPE, MASON. Markets for electronic book products［M］. Altona:Common Ground Publishing Pty Ltd. , 2002.

［10］伊尼斯. 传播的偏向［M］. 何道宽, 译. 北京:中国人民大学出版社, 2003.

［11］麦克卢汉. 理解媒介:论人的延伸［M］. 何道宽, 译. 南京:译林出版社, 2011.

［12］李维斯, 纳斯. 媒体等同［M］. 上海:复旦大学出版社, 2001.

［13］大数据的下一个前沿:创新、竞争和生产力［EB/OL］. (2014 - 08 - 27)［2021 - 10 - 17］. http://intl. ce. cn/specials/zxgjzh/201408/27/t201408. 27_3436534. shtml.

［14］迈尔 - 舍恩伯格, 库克耶. 大数据时代［M］. 盛杨燕, 周涛, 译. 杭州:浙江人民出版社,2015.

［15］向安玲, 沈阳. 基于大数据的出版流程变革［J］. 出版广角, 2014(14):54 - 57.

［16］何露露. 大数据时代我国图书网络营销的困境与出路［D］.武汉:华中科技大学, 2014.

［17］KAMEL, ALBLUWI. A robust software watermarking for copy right protection［J］. Computers & security, 2009(1):395 - 409.

［18］赖政兵. 中国出版业制度创新研究［D］. 南昌:江西财经大学, 2012.

［19］袁琳. 中国数字图书消费市场研究［D］. 上海:上海大学, 2012

［20］贾宁芳. 数字图书馆与数字出版机构的博弈分析［D］. 哈尔滨:黑龙江大学, 2014.

［21］张军娜. 我国数字出版机构与传统出版机构博弈分析［D］. 西安:陕西师范大学, 2011.

［22］林全,陈丽,谷冬梅.中国图书分销模式的博弈论分析［J］. 情报杂志, 2006, 25(07):122 - 124.

［23］郑小强. 基于三方博弈的图书盗版问题分析［J］. 出版科学, 2011, 19(6):49 - 52.

［24］胡象明,胡雅芬.信息不对称条件下图书质量的博弈分析［J］. 出版科学, 2008, 16(4):12 - 16.

［25］李纲,邢晶晶. 数字图书馆版权保护的博弈分析［J］. 中国图书馆学报,2003(1):62 - 64.

[26]李文莲,夏健明.基于"大数据"的商业模式创新[J].中国工业经济,2013, 5(302):83-95.

[27]刘丹,曹建彤,王璐.基于大数据的商业模式创新研究:以国家电网为例 [J].当代经济管理,2014,36(6):20-26.

[28]刘文昌,王星驰.大数据对企业商业模式的影响研究[J].经济计划与管理, 2017,6(3):107-113.

[29]江娟,杨奇星,陈家淳.基于大数据的零售业商业模式创新路径探讨[J].商 业经济研究,2018(18):11-13.

[30]BEYER, LANEY. The importance of "Big Data":a definition[M]. Stamford, CT:Gartner, 2012.

[31]GOYAL,HANCOCK, HATAMI. Selling into micromarkets [J]. Harvard business review, 2012(7).

[32]吕达,董振江,杨勇.M-ICT应用发展趋势及其关键技术分析[J].中兴通 讯技术,2017,23(02):50-55.

[33]吕登龙,朱诗兵.大数据及其体系架构与关键技术综述[J].装备学院学报, 2017,28(1):86-96.

[34]OSTERWALDER, PIGNEUR, TUCCI. Clarifying business models:origins, present,and future of the concept[J]. Communications of the association for information systems, 2005, 15(5):1-25.

[35]OSTERWALDER, PIGNEUR. Business model generation:a hand book for visionaries, game changers, and challengers [M]. New Jersey:John Wiley & Sons, Inc., 2010.

[36]汪贤裕,肖玉明.博弈论及其应用[M].北京:科学出版社,2008.

[37]屈洛兰.孔德社会学思想再解读[J].延边党校学报,2011,26(1):27-28.

[38]丁光涛.分析力学对社会科学的应用[J].安徽师范大学学报(自然科学 版),2015,38(5):437-440.

[39]彭特兰.智慧社会[M].汪小帆,汪荣,译.杭州:浙江人民出版社,2015.

[40]汪小帆.智慧社会:社会物理学与网络科学[J].中国信息化,2015(4):9-10.

[41]杨俊,薛鸿博,牛梦茜.基于双重属性的商业模式构念化与研究架构建议 [J].外国经济与管理,2018,40(4):96-109.

第二章

图书出版商业模式构成要素实证分析

目前,大数据在企业经营管理中的作用越来越重要,然而众多的图书出版企业依然在传统的商业模式中徘徊。若要看清图书出版的商业模式,就要分析其构成要素以及要素的成分,了解现有商业模式在大数据市场环境下的缺陷和对出版企业的桎梏,及其改进的空间和方向。本章采用实证研究的方法分析图书出版商业模式构成要素,现有数据源于对出版企业的调查。

一、图书出版商业模式研究设计

随着数字出版、移动阅读和大数据分析等新技术的涌现,出版物从单一的纸质图书向与数字产品共存发展,出版的边界变得越来越模糊。出版业的数字化、信息化不断升级,使得出版产业链也在不断地分解、重组,各个组成部分的市场职能也在不断地变迁。在这一过程中,图书出版业的商业模式也随之发生变化,这种变化不是单一要素的变化,而是动态的、整体的进化。在新时代如何规划出版企业的发展方向?商业模式作为企业市场竞争优势的一种来源[1],为我们提供了一个解决问题的思路。针对当前市场的环境、技术、需求等市场变量,解析传统出版企业当前的商业模式,找出其中的症结所在是解决问题的关键。一是清晰确定图书出版商业模式的基本因素有哪些;二是明确各个要素之间存在哪些联系。

自 20 世纪互联网商业模式兴起以来,许多研究人员试图寻找一套具有一般性、基础性的商业模式理论模型[2]。例如奥斯特瓦德和皮尼厄提出一个由多达10 种基本要素构成的商业模式模型,如图 2.1 所示[3]。琳达·M. 阿普盖特(Lynda M. Applegate)把商业模式要素凝练为三个,提出了一个比较经典的由概念、能力、价值三种要素构成的商业模式模型,如图 2.2 所示[4]。以上这些商业模式模型作为解释企业创造价值的一般机制,在建立过程中表现出一定的随机性和盲目性。克劳斯(Claus)采用严格的量表开发方法,建立了三级指标体系,从价值创造创新、价值主张创新和价值获取创新三个方面反映了商业模式的构建[5]。这些商业模式在列举各自的商业模式要素的同时,也指出了这些要素之间的相互联系。但不同的商业模式模型所给出的要素不同,且没有明确要素之间的数量关系。

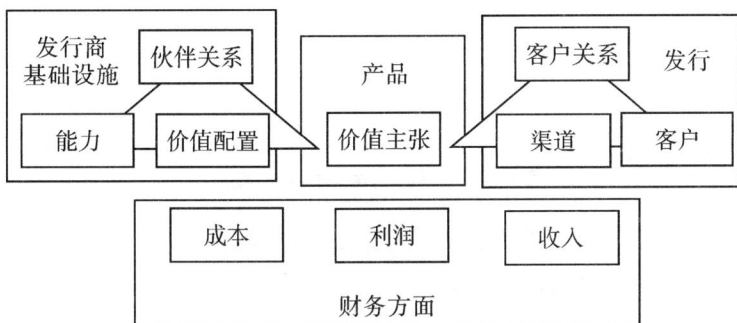

图 2.1　奥斯特瓦德和皮尼厄的商业模式构成要素

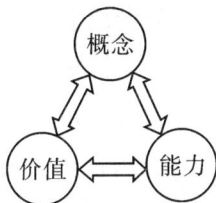

图 2.2　阿普盖特的经典商业模式构成要素

国内有关图书出版商业模式的研究起步较晚,还没有建立完整的体系,而只是针对具体问题给出了解决方案,并没有揭示图书出版商业模式的真正内涵。周建森提出以读者为中心的商业模式,如图 2.3 所示,出版企业主要通过整合读者、渠道和产品全过程进行营销,在竞争中胜出[6]。从传统纸质出版向数字出版整合的趋势看,王芳认为原来严格划分的行业和竞争边界正趋于模糊,业务、产品也在相互渗透[7]。文艳霞指出出版企业与互联网融合发展中仍有较多具体问题,只有以"互联网+"思维为指导,整合资源、系统运作、行动务实、注重细节,才能适应读者需要,从而实现融合发展的目标[8]。

本章基于 182 家图书出版企业经营信息的问卷调查数据,以此为样本对传统图书出版企业现有商业模式的构成要素进行实证研究,运用因子分析方法,解析出版商业模式的基本要素以及它们之间的关系。我们基于调查数据,从实证的视角分析出版商业模式的基本构成要素,这是与以往研究的不同之处,希冀本

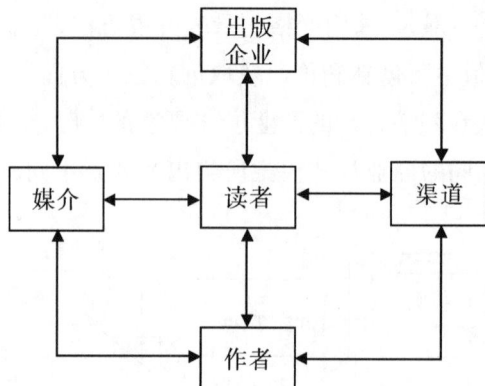

图2.3 以读者为中心的商业模式

章的研究能够为出版企业的大数据商业模式选择提供参考,也希望对出版企业获取市场竞争优势有所帮助。

(一)分析方法

本章的数据来源是出版企业的问卷调查,问卷结构见本章后的附录Ⅰ。已有研究商业模式的构成要素往往带有一定的主观性,为了避免这种情况,我们的分析策略基于调查数据,希望能够准确、客观地解析出版业传统商业模式构成要素,并探索各要素之间的内在量化关联性。我们采用因子分析和结构方程方法,该方法可以帮助我们发现隐藏在数据中具有代表性的潜在共性因子,这些隐性共性因子是出版商业模式的构成要素,这些构成要素的等级得分就是因子得分,商业决策时的优先考虑级别根据因子得分而定。构成要素中任意一个或者几个组合都可以成为出版商业模式的划分标准。另外,我们还可以利用结构方程模型为出版企业打分,进而应用聚类分析来识别企业具体的商业模式。

(二)样本选择

问卷调查对象来自新闻出版广电总局网站中公布的部分图书出版企业,样本涵盖了七种类型的出版企业,每类企业比例分布如表2.1所示。被随机调查企业在市场存续的年限比例分布如表2.2所示,近5年成立的出版企业占比不到4%,超过七成的企业成立超过30年,这说明出版业依然以传统出版企业为市场主力,也在一定程度上说明大数据这一新技术在图书出版企业应用的难度。

表 2.1　出版企业类型及比例分布

出版企业类型	比例分布	出版企业类型	比例分布
社科	24.5%	古籍	3.8%
科技	13.4%	少儿	16.9%
大学	16.1%	文艺	5.8%
教育	19.5%		

表 2.2　出版企业在市场存续年限比例分布

出版企业存续年限/年	比例分布	出版企业存续年限/年	比例分布
<5	3.76%	21～25	4.84%
6～10	1.06%	26～30	9.14%
11～15	5.91%	>30	73.12%
16～20	2.15%		

(三)问卷设计与基本情况

1.问卷设计

调查问卷分为两部分,一是出版企业的基本情况,二是调查问题表述,每个问题从否定到肯定有七个级别,被调查者根据企业的实际情况选择对应的级别完成问题的回答,见本章末的附录Ⅰ。考虑到出版企业的财务数据及内部信息的保密性,因此问卷设计采用分级打分的方式给出各个问题的调查结果,不涉及出版企业的具体商业数据。这种方式得到的调查结果亦可反映企业的实际经营情况,不会影响我们的分析,尽管随机误差和系统偏差会引起测量项目的一些变异,但对绩效的感知测量仍然能够满足信度和效度的要求[9]。

2.问卷回答偏差控制

问卷第二部分采用李克特(Likert)量表,问卷填写者的回答主要建立在个人的经验和感受之上,在一定程度上会影响测量的客观性和准确性[10]。为使问卷能够真实反映出版企业的实际情况,问卷发放的对象为社长、总编辑等出版企业的负责人或编辑、发行、印制等长期从事出版业务的员工。为保护问卷填写者的隐私权,问卷中没有涉及填写者的个人信息。另外,调查所收集的数据仅供学术研究使用,没有任何商业行为。

3.问卷发放与收回

为了提高问卷的信度,本次调查对象均为各出版机构的专职从业人员。问卷包括纸质版和电子版两种。本次调查共收回问卷 190 份,其中有效问卷为 182 份。

4. 分析方法

20 世纪中期商业模式被提出以来,人们对其研究不断深入,同时争议不断, 仅商业模式的定义就有 100 余种[11]。我们从调查数据出发,旨在设计和辨识出 版企业商业模式构成要素。针对国内出版企业发展不平衡的现状,首先,我们制 定了李克特量表,向国内部分图书出版企业发放问卷获得调查数据;其次,应用 因子分析法从调查数据中提炼出版商业模式的构成要素;再次,对既得数据进 行处理,利用这些既得数据的相关性,建立要素之间的结构方程;最后,在此基 础上分析各个要素之间的内在关系。研究目的是挖掘出版企业商业模式的构 成要素及各要素之间的关系,为出版业的发展给出建议。这种研究商业模式 的方法可以为后面的研究提供依据和借鉴。

5. 问卷信度检验

调查问卷的信度即问卷调查的可靠性,它指的是用同样的方法对同一对象 重复测量时所得结果的一致性程度。同一问卷不同人的回答,相当于同一方法 对同一对象(调查问卷)的重复测量,因此,我们采用克龙巴赫 α 系数测量[12]来 完成。经检验,本次问卷调查的信度为 0.963,通过信度检验,数据信度很高。

6. 问卷效度检验

在做因子分析之前,我们对数据进行了效度检验。KMO 检验的观测值为 0.9347336,可见问卷设计的不同问题之间的相关性很强。巴特利特球形检验的 观测值为 5186.38,$P < 0.01$,可见相关系数矩阵和单位矩阵有明显差异。综合以 上检验,问卷数据适合做因子分析[13]。

二、图书出版商业模式的基本构成要素

(一)图书出版商业模式构成要素解析

调查数据因子分析的结果显示,34 个观测变量集中在五个因子上,并且公共 因子的累积方差达到了 59.5%。由此可见问卷调查数据具有很好的效度。结合 图 2.4(碎石图是以未转轴前的因子变异量为纵坐标,因子数目为横坐标依序而 绘制的折线图),我们确定提取五个因子[14]。

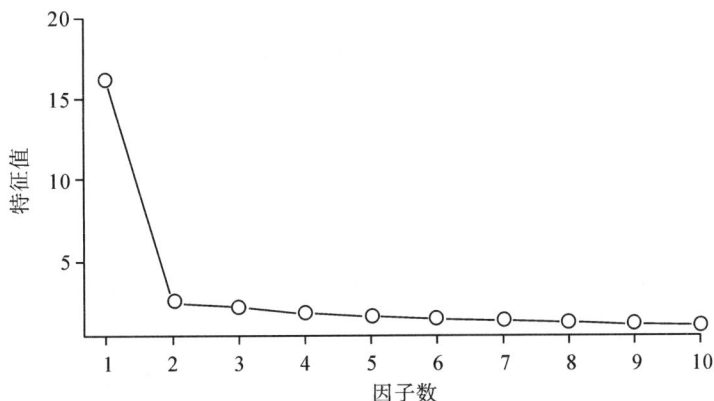

图2.4　因子分析碎石图

通过对调查数据作因子分析,提炼出五个反映图书出版商业模式特征的结构因子。表2.3列出了每个因子共享率大于0.5的调查问题,根据表中公共因子对应的商业模式结构因素,分别把五个公共因子归纳为业务系统、关键资源能力、盈利模式、企业定位、企业价值五个要素。这五个要素(因子)与魏炜、朱武祥所提出的商业模式构成要素基本一致[15]。魏炜等提出的商业模式的构成要素中还有一个是现金流结构,他们认为,企业的投资价值等于预期企业未来可以创造的自由现金流(自由现金流=税后利息+税前利润+折旧和摊销-运营资本投资-固定资产投资)的贴现值[16-17]。

表2.3　因子共享率大于0.5的调查问题(结构因素)

因子	商业模式结构因素
第一公共因子 (业务系统)	A1 合作伙伴之间具有明显的优势互补性 A2 合作伙伴的资源对贵社帮助很大,资产收益明显提升 A3 在合作关系中,所有合作伙伴都能获得公平对待 A4 贵社员工都清楚贵社的商业定位并且很好地适应角色 A5 贵社有明确的中长期发展战略 A6 贵社重视通过发挥核心优势以整合相关社会资源 A7 贵社拥有很强的战略定位能力和执行能力 A8 贵社所有业务流程都简单而有效 A9 贵社能够有效引导和协调合作各方进行商业运作 A10 贵社能够控制生产成本并且协调制定交易价格 A11 贵社能够不断完善和创新营销模式 A12 贵社能够使顾客通过服务获得便捷、舒适的感觉 A13 贵社的产品品牌与质量可以为顾客带来尊贵感

续表

因子	商业模式结构因素
第二公共因子 （关键资源能力）	B1 贵社十分重视发现和开发客户资源的商业价值 B2 合作伙伴有一致的商业目标及利益,并执行统一经营战略 B3 贵社定期分析商业环境的特点与变化趋势 B4 贵社的图书产品及服务的功能与质量具有竞争力 B5 贵社的图书产品及服务具有品牌优势 B6 贵社的服务及产品功能相互锁定增加了客户对贵社的依赖 B7 贵社拥有丰富的作者库、数字开发技术和拳头产品 B8 贵社承担了商业协作当中的核心业务
第三公共因子 （盈利模式）	C1 贵社十分理解和尊重合作伙伴的利益与要求 C2 合作使贵社的品牌与技术优势得到更大的发挥 C3 合作模式拓展了贵社的销售网络,增强了综合影响力 C4 由于采取合作共赢的模式,贵社收益更加稳定 C5 由于采取合作共赢的模式,交易价格合理而有保障
第四公共因子 （企业定位）	D1 贵社十分理解和尊重合作伙伴的利益与要求 D2 贵社确定的目标市场十分广阔(例如,全国或海外) D3 贵社的经营方略中,客户也是一种重要的业务资源 D4 贵社十分了解客户特点,并不断研究和满足他们的潜在需求 D5 贵社十分重视与相关企业合作,共同创造价值
第五公共因子 （企业价值）	E1 贵社的人数 E2 贵社的年营业收入(万元/年)

　　我们没有设置现金流结构这一要素是因为现金流管理是每一个出版企业的高级商业秘密,不宜公开。但对于相同规模的出版企业,运营资本投资以及固定资产投资大致相同,区分自由现金流的主要因素,即折旧摊销和税后利息与税前利润,这与我们的商业模式中的第三要素盈利模式相吻合,所以并不影响我们找到图书出版商业模式的构成要素。

(二)建立结构方程模型

结构方程模型(Structural Equation Model)是用基于变量的协方差矩阵来分析变量之间关系的一种统计方法,也叫协方差结构分析法,源于 20 世纪初斯韦尔·赖特(Swell Wright)开创的路径分析方法,之后约瑞斯科(Joreskog)等在其基础上建立了结构方程模型[14,18]。它通过寻找变量之间内在结构关系检验某种结构关系或者模型的假设是否合理,是处理社会科学、经济管理等领域问题的重要方法。结构方程模型的最大特点是通过引入潜变量,即将无法观测的变量具体化,是多元数据分析的重要工具。相比于其他的多变量分析方法,结构方程模型有明显的优势。结构方程模型允许自变量和因变量包含测量误差,能清晰地反映潜变量与因变量之间的关系,同时可以估计因子结构和因子间的关系,是允许具有较大弹性的测量模型。另外结构方程模型还可以估计模型的拟合程度,以便选择更好反映实际情况的模型[19-20]。

结构方程模型表示客观状态、检验变量之间预设关系的统计学模型,所研究的变量包含观测变量和潜在变量,还涉及外生变量和内生变量的概念。结构方程模型分为表示潜在变量关系的结构模型与表示观测变量和潜在变量关系的测量模型,其具体形式为

$$
\begin{cases}
\eta = B\eta + \Gamma\xi + \zeta & (1-1) \\
Y = \Lambda_y\eta + \varepsilon & (1-2) \\
X = \Lambda_x\xi + \delta & (1-3)
\end{cases}
$$

其中 X,Y 分别为外生观测变量和内生观测变量构成的向量,ξ,η 分别为外生潜在变量和内生潜在变量,Λ_x,Λ_y 分别表示外生观测变量与外生潜在变量、内生观测变量与内生潜在变量之间的关系;δ,ε 分别是 X,Y 的测量误差;B 表示内生潜在变量之间的关系;Γ 表示外生潜在变量对内生潜在变量的影响;ζ 为结构方程模型的残差项,反映了 η 在结构方程模型中不可被解释的部分。

通过图 2.5 我们可以看到,五个潜在变量分别揭示了业务系统、关键资源能力、盈利模式、企业定位、企业价值五个构成要素的内在关联,并将所有问题联系起来,呈现了出版商业模式构成要素的全貌和特有的结构,揭示了现有出版商业模式的内在构成关系。

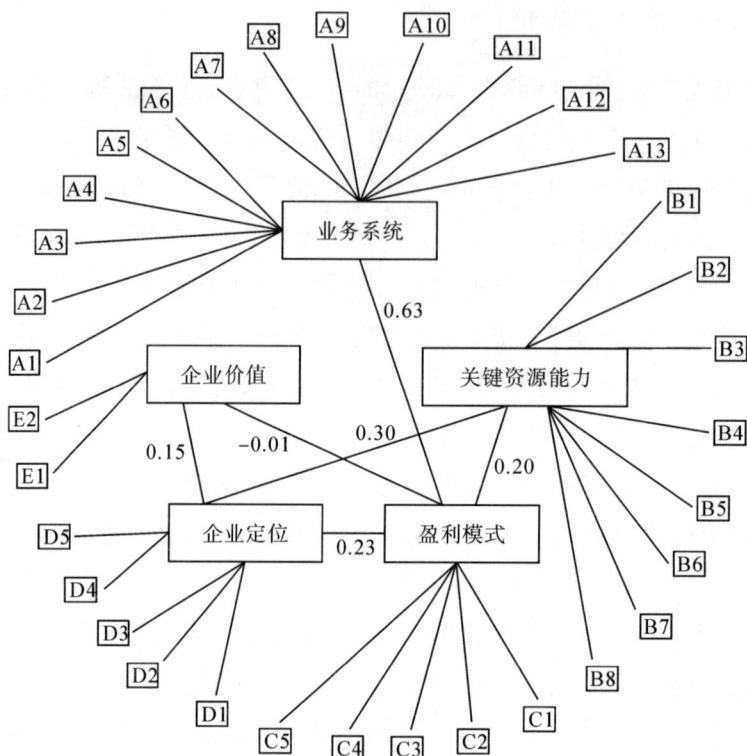

图 2.5　出版企业商业模式构成要素内在关联

三、构成要素及其之间关系分析

(一)构成要素分析

1.业务系统

合作共赢是构成成功商业模式的一个重要原则。业务系统是指出版企业达成定位所需要的业务环节、各合作伙伴扮演的角色,以及利益相关者合作与交易的方式和内容[15]。因此根据表2.3中第一公共因子的13个结构因素的表述,我们将第一公共因子称为出版企业的业务系统。

业务系统是商业模式的核心构成要素。高效运营的业务系统不仅是出版企业赢得市场竞争优势的必要条件,而且高质量的业务系统本身就是出版企业的竞争优势。一个高效的业务系统需要根据出版企业的定位确定相关的活动并将其整合为一个系统,然后再根据出版企业的资源能力分配利益相关者的角色,确定与出版企业相关价值链的关系和结构,从而围绕出版企业定位建立起一个内外部各方利益相关者相互合作的系统。业务系统是一个价值网络,明确了客户、供应商和其他合作伙伴在影响出版企业通过商业模式获得价值的过程中所扮演的角色。

为此出版企业首先应该分析自己的优势,明确自己需要的资源;其次,通过图书出版的产业链构建利益相关网络,整合从内容生产、印刷到发行的能力,通过构建图书中盘,建立起整个商业模式的运行机制。

2. 关键资源能力

业务系统决定了出版企业所要进行的商业活动,而要完成这些活动,企业需要掌握和使用一整套复杂的有形和无形资产、技术和能力,我们称之为"关键资源能力"。表 2.3 中第二个公共因子含有 8 个结构因素,其中有形资产表现为因素 B7(作者库、拳头产品),无形资产表现为因素 B4(竞争力)、B5(品牌优势)和B6(客户对出版企业的依赖),技术表现为 B7(数字开发技术)和 B3(分析商业环境的特点和变化趋势),能力表现为 B1(开发客户资源)、B2(与合作伙伴执行统一的战略)和 B8(承担商业协作中的核心业务)。

关键资源能力是出版业务系统运转所需要的重要资源和能力。出版业商业模式构建的重点工作之一就是要了解企业所需要的重要资源分布及获取、巩固这些资源的能力。不是所有的资源能力都是同等重要的,也不是每一种资源能力都是出版企业所需要的,只有和定位、业务系统、盈利模式和企业价值相匹配,彼此之间能相互强化的资源能力才是出版企业真正需要的。

出版企业有两个关键的出版流程。第一是图书内容的生产、编辑和印刷。对于同类别的图书而言,只有更吸引人的内容、更加美观的排版和更高的印刷质量才能获得读者的青睐。第二是图书的发行。过去出版企业把每年出版的新书委托给新华书店等渠道销售,但随着图书市场网络化的不断推进,尤其是互联网时代图书电商的迅速崛起,出版企业虽然凭借发行权处于产业链的顶端,但是对多样化的销售渠道缺少有效控制,往往在合作中处于劣势。每个出版企业的资源都是有限的,不可能拥有该行业的所有资源,要分清各种资源的从属关系,真正把握获取关键资源的能力,才能找到适合自己企业发展的商业模式。

3. 盈利模式

盈利模式是指企业获得收入、分配成本、赚取利润的方式。盈利模式是在企业给定业务系统中各价值链所有权和价值链结构的前提下,企业利益相关者之间利益分配格局中的企业利益表现。良好的盈利模式不仅能够为出版企业带来利益,更能为企业编制一张稳定共赢的价值网。由第三个公共因子的构成要素 C1 至 C5 可以看出,合作共赢是出版企业基本的盈利模式,这是由作者这一重要资源的外在性决定的。客户怎样支付、支付多少,企业所创造的价值应当在企业、客户、供应商、合作伙伴之间如何分配,是企业收入结构所要回答的问题,这里第三个公共因子只是给出出版企业盈利模式的外在形式。

事实上出版企业管理者不能只关心图书发行的市场份额,虽然市场份额很重要,但这种盈利模式的收入来源比较单一,依赖于主营业务的直接销售获得收入,并需要自己支付成本、承担费用。而且由于图书出版业的产品、定位、组织结构以及销售模式高度同质化,盈利模式基本无差异。随着市场竞争加剧,多轮价格战必将导致主营利润越来越薄,出版企业更需要找到一种新的经营方式来弥补盈利能力的不足。例如中文传媒和浙数文化已经通过新的经营方式获得了成功。事实证明好的盈利模式可以产生多种收入来源。出版企业传统的盈利模式往往只是针对出版企业提供的产品和服务向客户收费,而现在出版企业的盈利模式可以对企业提供的产品和服务不直接向读者收费,由其他利益相关者付费。例如读者可以免费阅读数字小说,出版企业通过广告分成赚取收入。这种收费模式也改变了成本结构。成本结构与出版企业提供的产品和服务、业务系统及其资源能力分布紧密相关。传统出版企业的盈利模式的成本结构往往和收入结构一一对应,而现有盈利模式中的成本结构和收入结构则不一定完全对应。图书生产与销售也有类似的情况,那些通过书店销售图书的企业,其销售成本结构主要是销售部门的办公与管理费用、销售人员的工资奖金费用等,而线上销售的成本结构则完全不一样。

4. 企业定位

一个企业想要在市场竞争中赢得胜利,首先必须明确自身的定位,这决定了企业提供什么样的产品和服务来实现客户的价值。定位是企业战略选择的结果,也是商业模式体系中其他有机部分的逻辑起点。定位是在战略层面和执行层面建立更直接和具体的联系,即企业的定位直接体现在商业模式所需要实现的顾客价值上,强调的是商业模式构建的目的。出版企业对于自身的定位直接影响企业建立哪种形式的商业模式。商业模式定位可以用来帮助理解出版企业的状态,这个状态包括提供什么样的产品和服务,进入什么样的市场,深入行业价值链的哪些环节,选择哪些经营活动,与哪些合作伙伴建立合作关系,怎么分配利益等。

2018 年国内数字出版产业整体收入规模为 8330.78 亿元,比上年增长 17.8%[21]。但图书出版与数字出版发展极不协调,数字出版主要集中在互联网期刊、数字报纸、博客、在线音乐、移动游戏、网络动漫、网络游戏、在线教育和互联网广告,图书数字出版几乎淡出人们的视线。在全国 584 家出版企业中,只有 102 家设有数字出版机构[22],设置大数据出版机构的出版企业几乎没有。要生产优质出版物,资金支持和高水平的人才是关键。如果没有一定数量的高水平的员工,那么企业质量和效益便无从谈起,更谈不上出版产业升级了。当前图书出版业处于从传统出版向大数据出版的转型阶段,部分企业虽然已经尝试利用大数据提高出版效率,但出于出版企业自身资源限制,目前只是凭借已有平台把部分纸质图书电子化,与大数据出版相去甚远。但从发展的角度来看,挂靠其他电商平台的数字出版方式很难取得很好的效益。因此,出版企业在大数据出版战略定位上,一定要明确自身在产业链中的位置以及与产业链上其他节点之间的关系,根据自己的资源选择合适的出版内容,找准定位并积极进行大数据产业升级。在第四个公共因子中,出版企业可以定位在通过与客户的合作共赢来创造企业自身的价值,特别是通过实现读者和作者的价值来实现出版企业的价值。构造因素 D2 对市场定位,D3 对客户定位,D1、D4、D5 对盈利模式定位,这决定了出版企业的战略选择,决定了出版企业提供什么样的内容产品和相关服务来实现读者和作者的价值。

5. 企业价值

企业价值,即出版企业的投资价值,是企业预期未来可以产生自由现金流的贴现值,由其成长空间、成长能力、成长效率和成长速度决定。出版业的特殊性,特别是产品单一的出版企业,由于企业内部资源的构成主要是人力资源,因此我们将第五个公共因子视为企业的价值,除了上面的投资价值外,还有社会价值。投资价值中的成长性可以用员工的平均年营业收入来度量,即

$$员工的平均年营业收入 = \frac{出版企业的年营业收入(E2)}{出版企业的人数(E1)} \qquad (1-4)$$

员工的平均年营业收入增长,说明出版企业的成长能力好,投入产出效率高。出版企业的社会价值体现在出版企业的社会就业人数的多少,就业人数多就是为社会做的贡献大。如果说定位是商业模式的起点,那么企业价值就是商业模式的归宿,是评判商业模式优劣的标准。

出版企业的定位影响企业的成长空间,业务系统、关键资源能力影响企业的成长能力和效率,加上盈利模式,就会影响企业的规模、运营成本支付和收益持

续成长能力和速度,进而影响企业价值以及企业价值实现的效率和速度。投资价值实现的效率可以用员工的年平均营业收入来评价,投资价值实现的速度可以用员工的平均年营业收入增速来评价。

(二)要素之间的内在联系

结构方程模型显示业务系统、关键资源能力、企业定位这三者与盈利模式之间有着明显的正相关关系,如图 2.5 所示,这三者决定了出版企业的盈利模式。特别是业务系统与盈利模式之间的关系是 0.63,说明业务系统与盈利模式息息相关,业务系统决定了企业的盈利模式。而关键资源能力、企业价值二者通过企业定位来间接影响盈利模式,这充分说明了将出版企业定位在合作共赢的重要性,特别强调要赢得读者和作者的信赖。合作并非简单的出版企业之间的合作,还包括与产业链上下游之间的合作。美国的英格拉姆作为世界上最大的图书批发商,它认为客户服务首先要解决的问题是为上下游合作伙伴实现尽可能大的价值增值。英格拉姆的合作模式是沟通整条供应链,成为打造共赢模式的重要媒介[23]。在具有畅通的出版流通体系和强大的出版中盘力量的日本,图书基本上都是依靠中盘来实现流通的,而且日本出版企业和图书代销公司之间存在着股份制产权关系。例如,日本东贩公司的股份构成是讲谈社、小学馆等 360 家出版企业股东,占有 52.8% 的股份,书店占有 9.3% 的股份,东贩公司占有 23.8% 的股份,其他股东占有 14.1% 的股份[21]。

我们还可以看到,出版企业的企业价值与盈利模式(合作共赢)之间有微弱的负相关,说明这二者之间有些冲突,也说明现行图书出版商业模式在某种程度上是不合理的。如上文所述,盈利模式是指企业利润来源及方式,具有相同企业价值的出版企业往往其定位和业务系统也会相似,致使其组织架构、成本结构以及销售渠道基本无差异。随着行业内各家出版企业普遍扩大规模和产能,竞争加剧,企业利润越来越薄,甚至亏本。例如,一本定价 100 元的图书,当销售折扣为 50% 时,扣除 10 ~ 12 元版税、15 元的印刷及纸张成本、5 元的固定成本和 5 元的物流成本,利润只有 13 元左右[21]。如果销售折扣低于 50%,出版企业获得的利润就更少。

综上所述,商业模式的这五个要素是互相作用、彼此决定的。相同的企业定位可以通过不一样的业务系统实现;同样的业务系统也可以有不同的关键资源能力和盈利模式。商业模式的构成要素中只要有一个要素不同,就意味着不同的商业模式。鉴于出版业的特殊性,特别是多数中小出版企业,以合作共赢为首选,这是因为作者这一关键资源是外在的,不是出版企业的固定资源,不可能被一个出版企业所独享。因此,图书出版的商业模式必须以合作为基础,采取合作共赢的模式。

目前有关商业模式的研究很多,但是针对图书出版商业模式的研究并不多见。本书从实证的角度出发,打破了以往只是从理论上构建商业模式模型的窠臼,应用探索性因子分析方法对出版机构调查数据进行实证研究,找到图书出版商业模式的五种构成要素,分别是业务系统、关键资源能力、盈利模式、企业定位、企业价值,这与魏炜、朱武祥对商业模式研究的结论基本一致。另外,本书还阐述了各要素的内在含义,建立了图书出版商业模式的结构方程,分析了要素之间的关系。研究结果表明,图书出版商业模式必须以合作共赢为基础,在业务系统、关键资源能力、盈利模式、企业定位等构成要素方面都有与"合作"关联的结构因素,原因在于作者作为出版业的关键资源具有外在性,图书出版商业模式的企业定位和盈利模式只能是合作共赢。合作共赢使出版企业可以创造价值、传递价值、获取价值,这是图书出版商业模式的逻辑起点,也是推动图书出版商业模式价值链流动的重要动力。

虽然我们从实际数据中发现了图书传统商业模式的构成因子以及各因子的结构要素,但因子却没有大数据的支撑,说明出版企业目前对大数据的认知依然不足,缺少危机意识,认为依靠体制保护仍然可以在图书市场上生存。另外,出版企业也缺少大数据开发的技术、人才和资金,这大大限制了大数据技术在出版企业商业模式中的应用。

本书将在第四章详细讨论大数据对图书出版企业商业模式升级的积极作用和影响,之后还会讨论在大数据环境下图书出版商业模式各要素的变迁,以及采用大数据商业模式的必要性。目前图书出版业正面临着市场环境变迁、技术进步和市场竞争的挑战,大数据、区块链、人工智能、物联网技术也为出版企业升级商业模式做了技术上的准备。

参考文献

[1]魏江,刘洋,应瑛. 商业模式内涵与研究框架建构[J]. 科研管理,2012,33(05):107 – 114.

[2]程愚,孙建国. 商业模式的理论模型:要素及其关系[J]. 中国工业经济, 2013(01):141 – 153.

[3]OSTERWALDER A, PIGNEUR Y. Investigating the use of the business, model

concept through interviews[C]. ICEB 2004 Proceeding, 2004:568 –573.

[4]APPLEGATE L M, GOGAN J L. Electronic commerce: trends and opportunities
[J]. Harvard business school background note 196 –006, 1995(67).

[5]CLAUS T. Measuring business model innovation: conceptualization, scale develop-
ment, and proof of performance[J]. R & D Management, 2016, 47(3):385 –403.

[6]周建森. 构建当前出版社融合发展新商业模式的若干思考[J]. 出版广角,
2015(14): 1006 –7000.

[7]王芳. 传统出版业数字化转型的商业模式探析[J]. 出版发行研究,2012(6):
1001 –9316.

[8]文艳霞. 传统出版企业与互联网融合发展的调查与对策建议:以湖南省 13 家
出版社为例[J]. 出版发行研究, 2015(10):24 –28.

[9]KETOKIVI M A, SCHROEDER R G. Perceptual measures of performance: fact
or fiction? [J]. Journal of operations management, 2004, 22(3):247 –264.

[10]PODSAKOFF P M, MACKENZIE S B, LEE J Y, et al. Common method biases
in behavioral research: a critical review of the literature and recommended reme-
dies[J]. Journal of applied psychology, 2003, 88(5):879 –903.

[11]汤莉,杜善重. 基于企业价值管理视角的商业模式与企业价值评估方法匹
配[J].企业经济, 2017(12):77 –83.

[12]CRONBACH L J. Coefficient alpha and the internal structure of tests[J]. Psy-
chometrika, 1951, 16(3): 297   334.

[13]王宝进. 多变量分析软件与数据分析[M].北京:北京大学出版社, 2007.

[14]吴明隆. 问卷统计分析实务:SPSS 操作与应用[M]. 重庆:重庆大学出版
社, 2010.

[15]魏炜,朱武祥. 发现商业模式[M]. 北京:机械工业出版社, 2009.

[16]李鸿磊,柳宜生. 商业模式理论发展及价值研究述评[J]. 经济管理, 2016,
38(9):186 –199.

[17]齐严,洪清玲. 关于商业模式概念及构成要素的文献研究[J]. 特区经济,
2013(9):229 –230.

[18]曹明霞,高珊,徐志明. 基于结构方程模型的民营经济政策环境满意度研
究:基于江苏省 1072 家民营企业调查数据的分析[J].科技和产业, 2016,
16(10):28 –32.

[19]吴元升.基于结构方程的社区信息化服务满意度模型研究:以安徽省合肥市
　　　为例[J].情报杂志,2011(9):180-185.

[20]黄德森,杨朝峰.基于结构方程模型的动漫产业影响因素分析[J].中国软科
　　　学,2011(5):148-153.

[21]张立,王飚,李广宇.迈向纵深融合发展的中国数字出版:2018—2019中国数
　　　字出版产业年度报告[J].出版发行研究,2019(08):16-21.

[22]朱静雯,王涵,王一鸣.我国出版企业数字出版发展战略现状及其问题分析:基于
　　　全国出版社的调查[J].信息资源管理学报,2015,5(01):110-113.

[23]周媛,朱晓琳.按需出版的发展:英格拉姆模式带来的思考[J].传播与版权,
　　　2015(06):55-56.

附录Ⅰ　调查问卷

图书出版商业模式结构研究调查问卷

出版企业基本情况(这部分请直接在对应项上做标记)							
编号	请根据实际情况在适合的方格内画"√"						
1	您目前的工作职位	社长	副社长	总编辑	编辑	发行	印制	其他
2	贵社的出版方向	社科	科技	大学	教育	古籍	少儿	文艺
3	贵社的行业类型	集团	轻量	大学社	非营利	自助出版平台		文化公司
4	出版企业的年限	<5	6~10	11~15	16~20	21~25	26~30	>30
5	出版企业的人数	<100	101~200	201~300	301~400	401~500	501~600	>600
6	出版企业的营业额(万元/年)	<500	501~2000	2001~5000	5001~10000	10001~50000	50001~100000	>100000

商业模式结构方程模型的内生变量									
编号	问题表述	否定评价 ↔ 肯定评价							
1	贵社确定的目标市场十分广阔(例如,全国或海外)	1	2	3	4	5	6	7
2	贵社的经营方略中,客户也是一种重要的业务资源	1	2	3	4	5	6	7
3	贵社十分了解客户特点,不断研究和满足他们的潜在需求	1	2	3	4	5	6	7
4	贵社的产品及服务与客户有充分的接触渠道	1	2	3	4	5	6	7
5	贵社十分重视发现和开发客户资源的商业价值	1	2	3	4	5	6	7

续表

编号	问题表述	否定评价 ↔ 肯定评价						
6	贵社十分重视与相关企业合作,共同创造价值	1	2	3	4	5	6	7
7	贵社十分理解和尊重合作伙伴的利益与要求	1	2	3	4	5	6	7
8	合作伙伴之间具有明显的优势互补性	1	2	3	4	5	6	7
9	合作伙伴的资源对贵社帮助很大,资产收益明显提升	1	2	3	4	5	6	7
10	在合作关系中,所有合作伙伴都能获得公平对待	1	2	3	4	5	6	7
11	合作伙伴有一致的商业目标及利益,并执行统一经营战略	1	2	3	4	5	6	7
12	合作使贵社的品牌与技术优势得到更大的发挥	1	2	3	4	5	6	7
13	合作模式拓展了贵社的销售网络,增强了综合影响力	1	2	3	4	5	6	7
14	由于采取合作共赢的模式,贵社收益更加稳定	1	2	3	4	5	6	7
15	由于采取合作共赢的模式,交易价格合理有保障	1	2	3	4	5	6	7
16	贵社定期分析商业环境的特点与变化趋势	1	2	3	4	5	6	7
17	决策者会果断拒绝自己不擅长的生意	1	2	3	4	5	6	7
18	贵社员工都清楚贵社的商业定位并且很好适应角色	1	2	3	4	5	6	7
19	贵社有明确的中长期发展战略	1	2	3	4	5	6	7
20	贵社的图书产品及服务的功能与质量具有竞争力	1	2	3	4	5	6	7
21	贵社的图书产品及服务具有品牌优势	1	2	3	4	5	6	7
22	贵社的服务及产品功能相互锁定增加了客户对贵社的依赖	1	2	3	4	5	6	7
23	贵社拥有丰富的作者库、数字开发技术和拳头产品	1	2	3	4	5	6	7
24	贵社重视通过发挥核心优势以整合相关社会资源	1	2	3	4	5	6	7
25	贵社拥有很强的战略定位能力和执行能力	1	2	3	4	5	6	7
26	贵社产品及服务的终端交易十分顺畅	1	2	3	4	5	6	7
27	贵社的业务链条及各个环节的责任和分工都十分明确	1	2	3	4	5	6	7
28	贵社所有业务流程都简单而有效	1	2	3	4	5	6	7
29	贵社承担了商业协作当中的核心业务	1	2	3	4	5	6	7
30	贵社能够有效引导和协调合作各方进行商业运作	1	2	3	4	5	6	7

编号	问题表述	否定评价 ↔ 肯定评价						
31	贵社能够控制生产成本并且协调制定交易价格	1	2	3	4	5	6	7
32	贵社能够不断完善和创新营销模式	1	2	3	4	5	6	7
33	贵社能够使顾客通过服务获得便捷、舒适的感觉	1	2	3	4	5	6	7
34	贵社的产品品牌与质量可以为顾客带来尊贵感	1	2	3	4	5	6	7
35	贵社在主营业务中处于产业链的主导地位	1	2	3	4	5	6	7
36	贵社独立地进行市场经营,没有长期且稳定的合作伙伴	1	2	3	4	5	6	7
37	贵社的主要业务是图书的出版和发行	1	2	3	4	5	6	7
38	贵社拥有跨行业客户,比如电信运营商、游戏开发商等	1	2	3	4	5	6	7
39	贵社设立大数据分析团队,有效利用分析结果管理经营	1	2	3	4	5	6	7

第三章

大数据背景下图书市场主体关系的博弈

要探索大数据环境下图书出版业新的商业模式,首先需要分析在大数据环境下图书市场参与主体之间关系的变迁,才能发现它们对图书市场的作用、市场职能相比传统图书市场环境发生的变化。而市场参与主体关系变迁的表现形式主要体现在它们之间的市场博弈结局,本章采用博弈论的分析方法来探讨在大数据环境下图书市场主体之间关系的变迁。

探讨大数据背景下图书市场的模式演变可以厘清图书市场变化规律,为未来图书出版商业模式优化提供参考。本章从博弈论的角度,对图书市场中最重要的参与主体之间的关系在大数据背景下的演变加以研究,分析图书市场各参与主体的市场行为、作用和职能的变化,为图书出版商业模式的升级创新提供可参考的依据,为图书出版企业进行下一步决策指明方向。

随着国民经济增长及文化消费升级,图书产业规模近年来持续扩张,图书种类、印刷册数、销售码洋整体不断增长[1]。但码洋增长的主要来源是图书价格的上涨,出版企业一般采用品种竞争策略,即生产足够多品种的图书以保持总市场销售量的增长。这种粗放式增长方式并不意味着图书供应量能够符合市场需求,图书市场上存在低层次、重复率高、供需矛盾等问题[2]。读者需花费更高的价格购买图书,但图书的内容质量未必满足读者的需求,长此以往,出版业将面临重大挑战。另外,互联网与手持电子设备的普及,在线阅读促进电子图书行业的发展,不仅改变了文字的载体,而且引发了图书业态的深刻变革。同时电子商务对传统的图书发行渠道及实体书店冲击巨大,图书市场面临新的变革。

一、博弈论在图书市场研究中的应用

(一)图书市场与大数据

早在 2011 年,麦肯锡就指出数据将来会成为重要的生产要素,并且已经渗透到各行各业[3]。大数据的应用领域是当前大数据研究的焦点,但大数据在图书市场的应用还比较少。电子终端阅读器开始记录读者阅读行为,这些数据已经开始改变出版流程[4]。在《大数据时代》一书中,学者维克托·迈尔 – 舍恩伯格认为亚马逊拥有大量数据化内容却没有发掘更大的价值,这对于出版企业是一个很大的损失[5]。国内也有人开始做大数据的探索,如何露露在 2014 年基于大数据背景研究分析了我国图书网络营销的困境及对策[6]。

(二)研究现状

有关图书市场、图书产业链的研究已有很多,研究中也有人指出我国出版业所面临的困境或者给出一些解决问题的办法,但基本上都是针对具体的某一个点,而没有从出版业的商业模式上探索问题关键所在和解决途径。有研究指出中国数字图书出版业最大的问题是以行政区域划分为基础的出版体制[7],这确实指出了中国出版业的痛点之一,还有研究分析得出结论,若要使出版业生机盎然,必须创新出版业管制方式和方法[8];在版权保护技术方面也有研究,如数字水印技术(DRM)、网络在线的版权维护等[9],但是这解决不了版权保护的本质问题,而大数据技术将会彻底解决这一出版业长期存在的诟病。

博弈论这一研究工具在很多领域均有应用,把博弈论应用到图书市场的研究也有很多。有文献利用作者、数字图书馆和读者的利益关系博弈,指出保护数字图书版权的重要意义[10];有人分析了传统图书分销模式走向"囚徒困境"的原因,认为以服务为中心的分销模式能够减少冲突[11];有的研究是对图书质量进行博弈分析,求得使出版企业、读者达到帕累托均衡的条件[12];有人通过对数字出版业和传统出版业的博弈分析,提出发展数字出版的策略性建议[13];有研究通过博弈论分析,认为政府参与图书盗版监管才能达成市场均衡[14];有人探讨数字图书馆和数字出版机构之间的博弈,并给出二者的博弈均衡是合作共赢[15]。这些研究对本书的研究有很大借鉴意义。本章利用博弈论比较研究在传统与大数据两个图书市场环境下市场参与主体的功能变迁。

二、出版市场主体在大数据背景下的关系和功能变迁

图书市场的主要参与者,包括读者、作者、出版企业和中盘,如图 3.1 所示[16]。我们采用博弈论的方法分析和研究这几个市场参与主体在大数据环境下的市场关系和市场功能的演变,从而发现它们在大数据环境下市场功能的变迁,

为我们下一步研究提供依据。

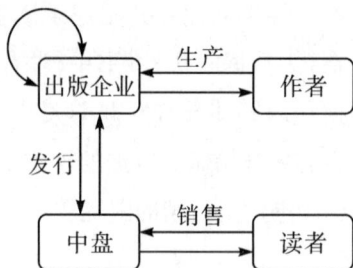

图3.1　图书市场博弈框架

（一）出版企业

出版企业是图书的生产商,确保社会效益优先,同时追求利润最大化。在博弈中,它处于市场主导地位,博弈的对象是作者和中盘,以及其他出版企业。

其一,单个出版企业可以买断作品的版权,这样提供的产品具有唯一性。图书是一种高分化、低弹性的商品。其二,出版企业可以控制定价权,读者讨价还价的余地不大。大数据图书市场环境下,出版企业的市场功能如何界定,依赖于大数据对图书市场变革的外在推力。

在选题的前期,出版企业必然高度重视读者的反应,会根据中盘或者读者的直接反馈决定出版物的内容,因为一旦出版内容定稿,更改成本就会较高。图书同其他知识商品一样,在消费中遵循价值递增规律和边际效益递增规律。读者一旦购买了该图书,那么读者在下一次购买时就很有可能购买同类图书。如果该图书的销量高,那么出版企业重印该图书或者出版同类作品将是非常有效的决策。

（二）中盘

图书中盘是指出版企业与零售书店之间的经销商,博弈对象是出版企业、读者、零售书店。图书中盘与一般商品的批发商不同,它不仅能将图书从出版企业传送到零售书店,而且具有信息反馈、资金汇集等市场功能。我国的图书市场中盘具体设置有:新华书店省级发货店、出版社自办发行的分销公司、民营批销公司、外资分销企业等。

中盘在图书流通过程中的关键作用在于既能满足下游零售商对图书品种和交货速度的要求,也可以给上游出版企业提供诸如读者的购买量、零售商存货量等这些有价值的数据。

（三）读者

读者是图书产品的阅读者和消费者,他们根据自身消费偏好、承受能力和对图书估计的效用大小购买图书。读者的目的是以最低的价格获取最大的阅读效用。读者处于信息弱势地位,议价能力不强,往往被动接受出版商的定价。读者博弈的对象是中盘和零售书店。

（四）作者

作者是图书内容的生产者,通过把自己的知识产权转让给出版企业来获取利益。越是受读者欢迎的作者就越能卖出更多的图书,他也就拥有更多的博弈筹码,在与出版企业的博弈中能获得更好的结果。

三、出版企业之间的博弈

出版企业之间存在着明显的不对称资源禀赋,国有出版企业与民营出版企业在资源、信息和营销渠道等方面差距悬殊。国有出版企业拥有优质的作者资源、发行渠道,而且能掌握市场动向、选题策划等关键信息,不需要担忧资金的来源。民营出版企业在各方面相对国有出版企业有很大差距。

我国出版市场准入门槛高,政府对出版企业的创设有严格规定,且政府对出版物审查严格,图书选题范围有着一定的政策指向性[17]。下面我们采用经济学中的"智猪博弈"模型对图书市场进行分析。

"智猪博弈"是著名的纳什均衡理论的具体应用,1950 年由约翰·纳什(John Nash)提出。其基本原理是:假设猪圈里有大小猪各一头,猪圈的一边有一个踏板,另一边有一个投食口,每踩一下踏板,远离踏板的投食口就会落下食物,两只猪会为争得食物而斗智斗勇,如果一只猪去踩踏板,另一只猪就有机会抢先吃到食物[18](我们视为某种收益)。经济学上把整个过程视为一种市场博弈。

（一）传统图书市场环境下的"智猪博弈"

传统图书市场中出版企业之间的博弈符合"智猪博弈"这一经典博弈模型。大型出版企业是"猪圈"(出版市场)里的"大猪",小型出版企业是"猪圈"里的"小猪"。假设每次支付 20 个单位成本可以获得 100 个单位收益。在"吃食"过程中,如果大猪先到,大猪有 90 个单位的收益,小猪只有 10 个单位收益;如果小猪先到,大猪和小猪都有 50 个单位的收益;如果大小猪同时去抢踩踏板,一般情况下大猪比小猪跑得快,则通常大猪会获得 70 个单位收益,小猪则会获得 30 个单位收益。我们在这里把出版企业自己策划选题出版的行为记为"行动",出版企业跟风热点出版的行为记为"不行动"。大型和小型出版企业的策略集合都是{行动,不行动}。如果出版企业都选择行动(踩踏板)策略,大型出版企业有 70 个单位收益,小型出版企业有 30 个单位收益,它们各付出 20 个单位成本,收益组合(50,10);如果只有大型出版企业行动,那么双方都有 50 个单位收益,但大型出版企业要付出成本,此时收益组合为(30,50);如果只有小型出版企业行动,那么大型出版企业获得 90 个单位收益,小型出版企业收益为 -10;如果双方都不行动那就没有收益。收益矩阵见表 3.1。

表 3.1 出版企业的收益矩阵

大型出版企业	小型出版企业	
	行动	不行动
行动	(50,10)	(30,50)
不行动	(90,-10)	(0,0)

从收益矩阵可知,无论大型出版企业是否要行动,小型出版企业如选择不行动就一定获得更大收益;大型出版企业知道小型出版企业不会行动,但自己行动总比两者都不行动没有任何收益要好,所以存在唯一纳什均衡策略(行动,不行动)。这就可以解释为什么图书市场上,一些出版企业花费大量成本推出作品获得欢迎,随即就会引来众多出版企业跟风模仿了。存在这样的均衡原因之一在于图书消费市场规模的有限性,图书并不是刚性需求产品,出版企业很难预测读者具体的偏好。因此当一个作品火爆之后,不仅仅是作品动画化、影视化,市场也会跟风出版同类型的作品,抄袭、捧 IP 花费的时间成本少而且容易形成热度。如果面临侵权问题,由于法律对版权的保护力度不足,那么即使败诉实际赔付的金额也远比不上侵权作品所获得的收益。

在这个"智猪博弈"模型中主体往往缺乏创新动力,因为博弈机制并不鼓励主动创新。中小型出版企业出于规避风险的原因会选择跟风而不是主动开拓市场,这会严重挫伤图书原创积极性,不利于我国文化综合实力的提升。

(二)大数据环境下"智猪博弈"的改进

大数据不仅使出版业经营环境发生变化,而且会改善从选题、定价、营销到收益整个出版流程。这种利用大数据管理出版业、发展出版业的模式,被称为大数据出版[19]。

大数据出版能够有效帮助传统出版企业实现转型升级,在信息、知识的搜集、存储、分析、组织与整合,以及传播技术和方式等方面进行深刻变革,合理、有效地开发利用用户数据、产品数据、销售数据等,进行精准营销并提供个性化服务。

出版企业的策略集合为|参与、不参与|,参与是选择大数据出版方式,不参与是依然跟风出版。对于出版企业而言,它不知道博弈对手是否参与到大数据出版中,但是如果对手参与到大数据出版中,它就很难再从中分得一杯羹。因为大数据出版服务可以实现需求与供给的无缝对接,这就相当于把"食槽和踏板"放在了一起,即出版企业参与大数据出版付出 10 个单位成本就能获得 100 个单位收益,因为大数据参与到策划选题、印刷库存、销售流程中,效率会大大提高,出版企业的整体运营成本会大大减少。

由于大数据对具体需求的预测更加精确,大型出版企业的信息和资金优势不再如在传统市场下那么明显,收益减少为 55 个单位,小型出版企业收益增加到 45 个单位,扣除成本,收益组合为(45,35);如果大型出版企业参与,小型出版企业未参与,大型出版企业获得 80 个单位收益,小型出版企业即使再跟风出版,由于此时大型出版企业的供给已经基本满足了读者需求,小型出版企业能够获得的收益只有 20 个单位,收益组合为(70,20);如果大型出版企业不参与,只有小型出版企业参与,同理,小型出版企业则有绝对优势,即 70 个单位收益,大型出版企业只有 30 个单位收益,收益组合为(30,60)。表 3.2 给出了大数据背景下出版企业的收益矩阵。

表 3.2 大数据背景下出版企业的收益矩阵

大型出版企业	小型出版企业	
	参与	不参与
参与	(45,35)	(70,20)
不参与	(30,60)	(0,0)

　　大数据出版能够精准预测读者的需求,实现零库存管理,如果跟风者也出版了类似的作品,那么它获得的收益则会减少很多。因此它们都会选择参与大数据策略,此时就达到了纳什均衡,这个均衡是双方利益的最优均衡。

　　进一步考虑重复博弈的情况,假设已经参与了大数据出版的出版企业不会退出。大型出版企业和小型出版企业都参与大数据出版的情况下,根据边际效用递减原理,总收益会逐渐减少,但双方始终都能得到自己的最大化收益,从而达到帕累托最优。其他情况如下。

　　1. 大型出版企业选择参与,小型出版企业不参与

　　在现阶段小型出版企业只能跟随大型出版企业,在下一步决策时小型出版企业可以选择参与或者不参与。在新一轮博弈中,总收益减少,此时假设10个成本只能获得90个收益,积累了大数据初始优势即已获得了一批用户数据的大型出版企业会获得更多的收益。如果此时小型出版企业再参与到大数据出版中,其获得的收益也会减少,小型出版企业若选择参与策略,那么大型出版企业收益单位由55上升到60,小型出版企业只有30个,除去成本,收益组合为(50,20);若小型出版企业选择不参与策略依旧只是跟风市场,那么大型出版企业的收益单位由80上升到85,小型出版企业的收益只有5,这时收益组合为(75,5)。由此可知,随着博弈不断进行下去,小型出版企业的收益将逐渐减少,即使小型出版企业在第二轮博弈中参与了大数据出版,但由于后发劣势,它的市场份额也会被大型出版企业逐渐挤压,最终退出市场。

　　2. 小型出版企业已经参与,大型出版企业没有参与

　　大型出版企业抵抗风险的能力比小型出版企业要强,即使大型出版企业在参与大数据出版上失去了先机,但它依旧拥有大部分市场份额。在第二轮博弈中,如果大型出版企业选择参与策略,那么小型出版企业收益由45上升到50,大型出版企业收益为40,收益组合为(30,40);如果大型出版企业选择不参与策略,那么小型出版企业收益为75,大型出版企业只有15个收益单位,收益组合为(15,65)。由此可见,随着博弈进行,小型出版企业获得的收益份额会逐渐增大,大型出版企业如果能够及时参与其中,还能有所获益。如果大型出版企业不能及时参与到大数据出版中,那么小型出版企业甚至可以通过占据市场先机扭转双方市场地位。

　　3. 双方都不参与

　　假设市场上只有这两家企业,在博弈中双方都不行动的收益为0,可以得

到表 3.1 和表 3.2 中的博弈结果。但是在实际的图书市场中,即使两方都不参与大数据出版,也会有新的资本进入出版市场,比如京东、当当这些大型电商企业,它们拥有更优质的数据服务技术和高效的流通渠道,正在不断地蚕食传统行业,出版业亦不例外。它们凭借大数据的优势,将逐渐侵占现有出版企业的市场份额,出版行业将面临一场由外部力量导入的内部改革,在这个过程中,原有的出版企业若不尽快适应大数据变革将会逐渐失去市场。

综上分析,如果出版企业采用大数据技术,或者采用与大数据有关的商业模式,无论大小出版企业都可以增加收益,获得市场先机,否则大的出版企业的市场份额就会被其他企业侵占,而小的出版企业则会逐步退出市场。因此,我们得出结论:在大数据环境下,无论是大小出版企业都会期望采用大数据技术和方法来管理和经营企业。但是参与大数据出版也不是一蹴而就的,需要有技术、人才、资金上的准备。如果出版企业没有建立大数据出版的资源,又需要大数据经营和管理企业,那么就会对大数据服务产生市场需求,市场呼唤大数据服务性企业的诞生。

四、出版企业和作者的博弈

没有书稿就不可能有出版,书稿的质量决定了出版物的品质。一方面,一家成功的出版企业需要一批高素质而且稳定的作者。另一方面,作者通过和出版企业合作出版使作品与读者见面。在传统的图书出版发行模式中,作者必须依靠出版企业出版图书才能获益,出版企业则可以凭借对市场中读者偏好的了解选择是否出版作品。

数字出版在软件、设备、基础设施,以及内容传输能力等方面发生了革命性的变化,但内容本质却没有变化。数字出版通常的盈利模式包括:①可视图文模式;②付费网络模式;③免费网络模式;④广告推动模式;⑤大众门户和个人门户模式;⑥数字门户模式[20]。通常先获得作者的作品并上传到数字出版企业的平台,以此吸引用户,这是数字出版企业经营的必然积累阶段,只有积累到一定量,才能把用户流量转换为收益。

根据国家版权局于 1999 年 12 月 9 日发布的《关于制作数字化制品的著作权规定》,作品的数字化复制权属于著作权人,作品的数字化形式的版权归著作权人所有。没有得到作者的授权,出版企业不能把作品上传到网络平台。

但是现实中作者的电子版权很难保证不受到侵害,作者和数字出版企业关于电子版权的矛盾冲突时有发生。网络的高度便捷性使得每个人都可以通过网络把作品传到网上供别人阅读或者下载。盗版文学网站不到一天就能完全复制签约网站作者的最新连载;云盘的大容量存储,极大地方便了盗版流传,虽然百度、360 等公司也在尽可能地通过技术手段限制盗版,但效果不甚理想。另一方面,作者可能会将不同作品的数字出版版权授与不同的数字出版企业,在这个过程中可能因为不了解授权规则和相关法律而导致版权被反复售卖造成版权冲突。下面我们采用博弈论就数字出版企业和作者的版权冲突进行探讨。

(一)模型假设

出版企业和作者均被假设为理性的经济人,即他们的行为结果是实现自身利益最大化。此时,出版企业作为一个理性人,盈利为其目标。作者需要选择最优的策略以保证在与数字出版企业的合作中实现个人经济效益和社会效益(名誉)的最大化。

作者发现自身作品被侵权时,可以采取维权或者不维权两种策略;数字出版企业也可以采取侵权和不侵权两种策略,表3.3 给出了博弈变量定义。

表3.3 博弈变量定义

变量	定义
C	作者维权的成本
S	作者维权成功的收益
V	数字出版企业上传电子书后所获得的收益
W	数字出版企业购买正版电子书需要向作者支付的版权授权报酬
α	数字出版企业侵权的概率($0 < \alpha < 1$)
β	数字出版企业侵权情况下,作者维权的概率($0 < \beta < 1$)
A	作者被侵权的损失

显然,作者维权成功的收益 S 不小于维权成本 C 和被侵权损失 A 之和;数字出版企业收益 V 大于版权成本 W;若存在侵权行为,数字出版企业的侵权赔偿 S 大于收益 V。表3.4 给出了作者和数字出版企业不同策略下的收益矩阵。

表 3.4　作者和数字出版企业的收益矩阵

数字出版企业	作者	
	维权	不维权
侵权	$(V-S, S-C-A)$	(V, A)
不侵权	$(V-W, W-C)$	$(V-W, W)$

(二)模型求解和结论

设作者维权期望为 E_1，作者不维权的期望为 E_2，有

$$E_1 = \alpha(S-C-A) + (1-\alpha)(W-C) \qquad (3-1)$$

$$E_2 = \alpha(-A) + (1-\alpha)W \qquad (3-2)$$

令 $E_1 = E_2$，得

$$\alpha = C/S \qquad (3-3)$$

设数字出版企业侵权的期望为 E_3，不侵权的期望为 E_4，有

$$E_3 = \beta(V-S) + (1-\beta)V \qquad (3-4)$$

$$E_4 = V-W \qquad (3-5)$$

令 $E_3 = E_4$，得

$$\beta = W/S \qquad (3-6)$$

最后该博弈模型中作者和数字出版企业的混合策略均衡解为

$$(C/S, 1-C/S), (1-W/S, W/S) \qquad (3-7)$$

由式(3-6)可知,作者维权的概率随版权报酬提高而提高,因此提高授权价格对于版权保护有积极意义,作者会对作品版权更加关心,进而参与到维权活动中,促进版权保护。由式(3-3)可知,数字出版企业侵权概率随着作者维权成本的提高而提高。

作者维权困难的原因很大程度在于维权的成本过高而且收益不高,作者的合法权益虽然能够得到法律支持,但是漫长的诉讼过程、较低的赔偿数额,以及付出的时间精力乃至于追溯盗版来源都是很大的负担,很多作者即使发现侵权问题最后也是不了了之。如果作者维权的成本降低,数字出版企业面临权利人的诉讼追究的法律风险就会相应增大。大数据时代,新型的维权组织联合大批

作者,依托平台建立维权机制,通过大数据技术及时揪出侵权行为,这样避免作者和数字出版企业进行交涉,而且大大降低了作者的维权成本,很大程度上提升了维权的成功率。这些平台作为作者和数字出版企业之间的桥梁,能很好地平衡、协调两者间的利益冲突,并兼顾作品作为社会资源使用的公平和效率。

另外,传统出版企业参与到数字出版中,把版权打包卖给数字出版企业的做法并不利于传统出版企业的品牌推广营销,也难以促进纸质图书的销售。传统出版企业拥有更优质的作者资源和良好的信誉保障,更容易与作者达成数字版权的授权合同。传统出版企业也可以通过入股的方式与数字出版企业合作,这样数字出版企业购买版权的平均价格也会有所下降,数字出版企业侵犯版权的概率也会下降,这更有利于版权的保护。此外,可以采用更为先进的授权许可和权利分享的技术,改革集体管理组织作为权利人代理的单面角色,在更为灵活的层面对以作品为要素的社会资源进行运营与管理,以实现网络环境下各方利益的均衡[21]。

提高侵权赔偿金额虽然能够在短期内降低数字出版企业侵权的概率,但随着新一轮博弈达到均衡,作者维权意识也降低了,所以不能盲目提高侵权赔偿金额来抑制侵权案件的发生,加大对数字出版企业的侵权处罚并不利于电子版权产业的长期发展。从历史的角度看,版权之争只是当下时段的产物。如果一味地强调保护版权人的收益,加大罚款力度,垄断著作权,那么出版企业的利益将会受损,长此以往,读者的利益也难以得到保护,整个社会的总效用无疑要大大降低,社会发展也会受到影响。作者和出版企业的利益最终都是要促进网络作品的广泛传播和使用,实现社会效用最大化,因此达成双赢局面是完全可以实现的。

五、出版企业和中盘的博弈

中华人民共和国成立后就在原延安新华书店的基础上建立了全国范围内的新华书店营销网络。新华书店总店相当于图书业的大中盘,全国所有的图书都由它总经销。改革开放后,随着图书市场的改革与发展,中盘的作用没有被完全发挥出来,反而变得越来越弱,不能担负起全国图书市场的商品、信息、金融、物流等大融通功能。但是从图书市场的特点来看,中盘依然是很重要的。下面我们通过经济学的分析提出中盘弱化后的改进。

(一)"囚徒困境"和重复博弈

对于出版企业而言,希望价格与成本的差值越大越好。从中盘的角度讲,它会把进货价格压低,这样在向下一级零售商售卖时可以获得更大收益。我们把出版企业和中盘彼此尽快达成一致的过程称为合作,把出版企业和中盘拉锯谈判的过程称为讨价,讨价过程会增加交易成本,但是如果一方选择讨价,一方选择合作,那么合作方就要出让更多的利益给讨价方。这是一场静态博弈,出版企业和中盘双方都不知道对方的博弈策略,但在决策过程中都要依赖对方的策略。表3.5给出了出版企业和中盘的收益矩阵。

表3.5　出版企业和中盘的收益矩阵

中盘	出版企业	
	合作	讨价
合作	(10,10)	(2,14)
讨价	(14,27)	(4,4)

在这个博弈中很容易得到唯一纳什均衡的策略(讨价,讨价),这是一个典型的"囚徒困境"模式。合作虽然符合双方的利益,但存在沟通和信任方面的阻力。假设两者任意一方选择了讨价策略,那么另一方选择合作策略都将面临更大损失,不符合个体理性人假设,因此双方都会选择讨价策略。

假设出版企业与中盘签订了有限期的委托经营合同,总博弈次数是 n 次。第 n 次博弈时,考虑到以后出版企业和中盘不再合作,第 n 阶段的纳什均衡是(讨价,讨价)。在第 $n-1$ 次博弈中,尽管下一阶段的博弈也要进行,但理性的双方都知道下一阶段对方必然要选择讨价策略,即使这时选择合作策略也并不会得到下一阶段博弈对方选择合作策略作为回报,出版企业和中盘都不可能牺牲自己的利益,因此依旧会选择讨价策略。该有限重复博弈唯一的子博弈完美纳什均衡依然是双方在每一阶段都选择讨价。

如果出版企业和中盘的博弈次数是无限次的,就有可能实现合作。在闭环策略下,假如出版企业先选择合作策略,但当它发现中盘选的是讨价策略时,会立即在下一阶段博弈中也选择讨价策略作为报复,并永不改变。中盘也可以选择合作的策略[22],若出版企业不改变策略,中盘亦不改变策略,此时出版企业的总收益是

$$E_c = 10 + 10\delta + 10\delta^2 + \cdots \qquad (3-8)$$

其中 δ 是指贴现率,若利率为 r,则 $\delta = 1/(1+r)$。

若出版企业在第 t 期改变策略,中盘在 $t+1$ 期时也一定会改变策略。这样出版企业的总收益为

$$E_c' = 10 + 10\delta + \cdots + 10\delta^t + 14\delta^t + 4\delta^{t+1} + \cdots \qquad (3-9)$$

当 $E_c > E_c'$,解得 $\delta > \dfrac{2}{5}$,当贴现率大于 $\dfrac{2}{5}$ 时,出版企业和中盘都不愿意改变自己的合作策略,达成(合作,合作)的均衡点。由于 t 的任意性,这个策略组合是一个子博弈完美纳什均衡。

中盘为了在竞争中获得优势,自然会向出版企业索要较低的折扣或者迫使出版企业提高图书定价。由于退货机制的存在,出版企业在博弈中长期处于不利的境地,同时面临高额的运营成本。由上文的博弈分析可知,出版企业和中盘达到最大利益化的关键,在于提升沟通与信任,实现利益永久共享。出版企业可以组建自己的中盘或者入股参与中盘的运营,从而实现"发行–销售"一体化。

目前由于电商的介入,图书可以越过传统图书中盘直接到读者手中,以致大量零售实体书店倒闭,传统图书中盘也丧失了物流、信息流、金融流等市场功能。一些中盘虽然建立了自己的网上交易平台,对图书信息重新编辑,建立了一个统一的、行之有效的图书行销标准,试图提高图书销售效率,但总体上看,中盘的市场功能已经弱化,它应该起到的物流、信息流、金融流等作用并没有完全发挥出来。例如,物流对于图书的网络销售至关重要,要建立一个现代化的全国性物流体系需要投入的资金数额庞大,整合的资源平台难以计数。中盘重新构建全国物流体系面临巨额运营成本,一个可行的解决方案就是直接和国内的大型物流商合作,由物流商承担物流功能,例如与顺丰合作。

(二)中盘功能弱化的改进

大数据为出版企业和中盘的合作提供了一种新的方式。大数据及其分析有效拓展了决策的主体范围,使得决策主体能够不再完全依赖传统经验和直觉,而是通过收集大量、实时的数据信息以提升市场预测准确度和管理水平。

大数据背景下,如果中盘升级为智慧图书中盘,那么中盘就不仅具有传统图书中盘的市场功能,还具有信息服务、数据服务、技术服务、数据支持等大数据服务功能。智慧图书中盘可以选择为出版企业提供大数据服务(合作),也可以选

择为出版企业只提供传统图书中盘的市场功能(不合作);出版企业的策略选择包括接受中盘的服务(合作)和自己建立大数据管理经营平台(不合作)。表3.6给出了大数据背景下出版企业和智慧图书中盘的收益矩阵。

表3.6　大数据背景下出版企业和智慧图书中盘的收益矩阵

智慧图书中盘	出版企业	
	合作	不合作
合作	(10,10)	(0,6)
不合作	(4,4)	(0,6)

在大数据环境下,如果出版企业选择不购买中盘的大数据服务,自己组建大数据平台,那么中盘就没有任何收益,但出版企业也会损失4个成本;如果中盘选择不为出版企业提供大数据服务,只提供传统图书中盘的市场功能,出版企业选择合作,那么双方都只能在传统框架下合作,各获得较低的4个收益;如果出版企业和中盘选择合作,即中盘为出版企业提供大数据服务,出版企业也接受中盘提供的服务,那么双方达成新的纳什均衡解(10,10)。即使把博弈扩展到无限次,出版企业和中盘也会选择合作,这样中盘和出版企业会各司其职,均衡的效率会更高。

在电商的冲击下,如果中盘坚守传统,将会逐渐转变为图书经销商。在大数据环境下,如果中盘升级为智慧图书中盘,那么不仅可以为出版企业提供传统图书中盘的市场服务,还能提供大数据服务。而出版企业只要选择与中盘合作,购买中盘所提供的服务,就可以利用大数据来经营和管理企业,提高企业的经营水平,例如加强读者管理,利用大数据精准预测市场,专注内容生产,提高出版的效率和质量。因此在大数据环境下,中盘和出版企业均选择合作策略,对整个图书出版产业链的优化升级会起到积极作用。

六、中盘和读者的博弈

图书产品具有效用滞后的特性,读者无法确切预测图书真实效用,只能通过出版企业提供的信息进行效用评估。读者只知道自己的偏好或需求,所以读者只有购买了图书以后才清楚图书质量是否合格,能否满足自身效用[12]。在传统的图书零售模式中,读者会到书店购买图书,反复挑选,这样可以确保图书满足读者的效用。但是现在读者更倾向于在网上购买图书,高效便捷。由于网购平台准入门槛低,读者接收到的信息很多,信息的真伪难辨,读者在阅读之前并不能确定网上购买的图书是否满足自身需求。如果读者对买到的图书不满意,那么可以向网络购书平台提起申诉或者退货要求,但在这个过程中实际存在损耗。

电商在图书市场的力量比较强大,在一定程度上已经替代了传统图书中盘的发行、销售、物流、金融流通等市场作用,区别在于电商没有为上游出版企业服务的责任。当当网、亚马逊、京东等都是比较成熟的网络交易平台,各出版企业也在自己的网站上建立自己的网络营销平台。为了简化起见,我们把电商、传统图书中盘都视为中盘。本节只讨论单个中盘和单个读者在网购图书的商业模式下如何博弈以实现各自利益最大化。

(一)动态不完全博弈

假设图书只有优质和劣质两种,中盘知道自己售卖图书的质量,中盘为了自身利益会夸大劣质图书的质量。假定博弈分为三个层次:第一层,中盘的策略为定高价或定低价;第二层,读者的选择有购买和不购买两种策略;第三层,如果读者购买了图书,那么读者有退货和不退货的策略,如图3.2所示。这是一个典型的动态不完全信息博弈模型,表3.7给出了变量定义。

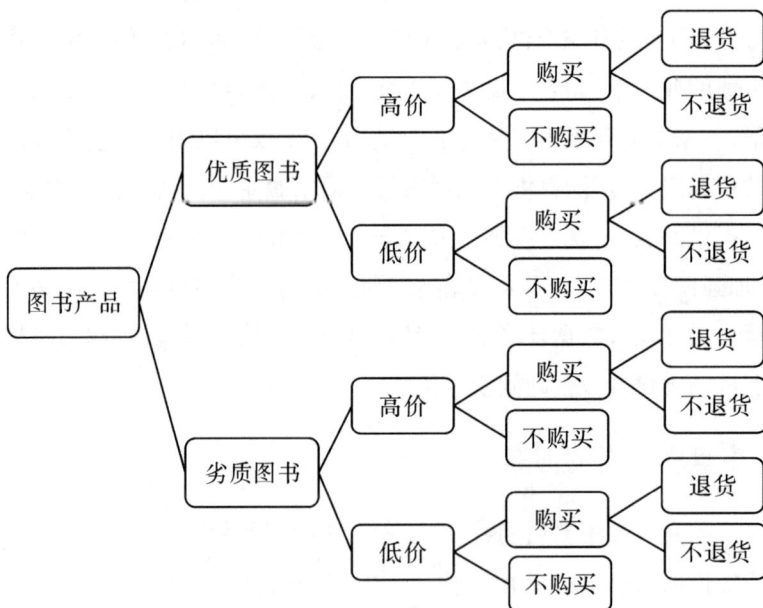

图3.2　读者和中盘的博弈树

表 3.7 变量定义

变量	定义
P_h	图书定为高价
P_l	图书定为低价
V_h	优质图书给读者带来的价值
V_l	劣质图书给读者带来的价值
C_h	优质图书的进货成本
C_l	劣质图书的进货成本
C_o	中盘伪造虚假信息的成本
y	运费
μ	μ 是高价卖出优质图书的概率，$1-\mu$ 是低价卖出优质图书的概率
γ	γ 是高价卖出劣质图书的概率，$1-\gamma$ 是低价卖出劣质图书的概率
λ	读者购买该图书的概率
θ	读者高价买到优质图书退货的概率
ϕ	读者高价买到劣质图书退货的概率

(二)模型分析与结论

在此，我们以当当网为例进行分析。当当网的退货机制规定，国家法律所规定的因功能性故障或商品质量问题和物流货损、缺件或商品描述与网站不符等可准予退货，并由当当网承担运费。由此我们假定优质图书退货由读者承担运费，劣质图书退货由中盘承担运费，购买图书的运费由读者负担[23]。假设 $P_h - C_l > P_l - C_l > P_h - C_h > P_l - C_h > 0$，并假设读者以低价买到图书时不会退货。

1. 出售优质图书的博弈

因为对于优质图书有 $V_h > P_h > P_l$ 这一条件，若有 $V_h - P_h - y > 0$，读者的最优选择始终是购买。此时有 $P_l - C_h > (1-\theta)(P_h - C_h)$，此时中盘出低价的收益比出高价的高，博弈存在唯一纳什均衡点 $(P_l - C_h, V_h - P_l - y)$。当 $P_l - C_h < (1-\theta)(P_h - C_h)$，此时中盘出高价的收益比出低价高，博弈存在唯一纳什均衡点 $(P_h - C_h, V_h - P_h - y)$，如表 3.8 所示。

表 3.8　出售优质图书时读者和中盘的收益矩阵

中盘	读者购买		读者不购买
	退货	不退货	
高价	$(0,-2y)$	(P_h-C_h,V_h-P_h-y)	$(0,0)$
低价	$(0,-2y)$	(P_l-C_h,V_h-P_l-y)	$(0,0)$

若 $P_l-C_h>(1-\theta)(P_h-C_h)$，但是 $V_h-P_h-y<0$，此时中盘出高价读者不购买，出低价读者购买，中盘出低价的收益比出高价的高，仍然有纳什均衡点 (P_l-C_h,V_h-P_l-y)。当 $P_l-C_h<(1-\theta)(P_h-C_h)$，且有 $V_h-P_h-y<0$，中盘高价收益大于低价收益。读者选择购买时，中盘选择出高价更优；若中盘出高价，读者不会购买。读者若不购买，中盘最优选择是出低价；若中盘出低价，读者购买。所以交易双方利益不能达成一致，为混合策略问题。设读者的期望收益为 E_r

$$E_r=\mu\lambda\theta(-2y)+\mu\lambda(1-\theta)(V_h-P_h-y)+(1-\mu)\lambda(V_h-P_l-y)$$
$$(3-10)$$

其中 $\mu\lambda\theta(-2y)$ 是读者高价购买后退货的收益，$\mu\lambda(1-\theta)(V_h-P_h-y)$ 是读者高价购买后不退货的收益，$(1-\mu)\lambda(V_h-P_l-y)$ 是读者低价购买的收益。令 $E_r=0$，有

$$\mu^*=\frac{V_h-P_l-y}{P_h-P_l+\theta(V_h-P_h+y)}\qquad(3-11)$$

可知，当中盘出高价的概率大于 μ^*，读者选择不购买，反之读者购买。若中盘出高价的概率等于 μ^*，则购买和不购买没有区别。中盘出高价的概率与读者退货概率负相关。设中盘的收益期望为 E_s

$$E_s=\mu\lambda(1-\theta)(P_h-C_h)+(1-\mu)\lambda(P_l-C_h)\qquad(3-12)$$

对 μ 求偏导，得到中盘收益最大化的平衡点

$$\theta^*=\frac{P_h-P_l}{P_h-C_h}\qquad(3-13)$$

若读者退货的概率大于 θ^*，中盘的占优策略是出低价；若读者退货的概率小于 θ^*，则中盘的占优策略是出高价。读者购买优质图书并承担全部运费时，中盘策略选择关键在于读者高价买入优质产品时选择退货的概率，若读者更愿意退货，那么中盘将会更大程度地以低价出售优质商品。

2. 出售劣质图书的博弈

对于劣质图书有 $P_h > V_l > P_l$，若 $V_l - P_l - y < 0$，读者不会购买，中盘出低价可以减少伪造成本损失，均衡为 $(0,0)$。

当 $(P_l - C_l - C_0) > \phi(-C_0 - y) + (1 - \phi)(P_h - C_l - C_0)$ 时，如果 $V_l - P_l - y > 0$，读者愿意购买，中盘出低价收益更高，达成纳什均衡点 $(P_l - C_l - C_0, V_l - P_l - y)$，收益矩阵见表3.9。

表3.9　出售劣质图书时读者和中盘的收益矩阵

中盘	读者购买		读者不购买
	退货	不退货	
高价	$(-y - C_o, -y)$	$(P_h - C_l - C_o, V_l - P_h - y)$	$(-C_o, 0)$
低价	$(-y - C_o, -y)$	$(P_l - C_l - C_o, V_l - P_l - y)$	$(0,0)$

当 $(P_l - C_l - C_0) < \phi(-C_0 - y) + (1 - \phi)(P_h - C_l - C_0)$ 时，且 $V_l - P_l - y > 0$ 为混合策略问题。此时读者的期望收益 E_r 为

$$E_r = \gamma\lambda\phi(-y) + \gamma\lambda(1 - \phi)(V_l - P_h - y) + (1 - \gamma)\lambda(V_l - P_l - y)$$

$$(3 - 14)$$

其中 $\gamma\lambda\phi(-y)$ 是读者高价购买劣质图书退货的收益，$\gamma\lambda(1 - \phi)(V_l - P_h - y)$ 是读者高价购买劣质图书不退货的收益，$(1 - \gamma)\lambda(V_l - P_l - y)$ 是读者低价购买劣质图书的收益。令 $E_r = 0$，解得

$$\gamma^* = \frac{V_l - P_l - y}{(P_h - P_l) + \phi(V_l - P_h)} \qquad (3 - 15)$$

当中盘出高价的概率大于 γ^* 时，读者选择不购买，反之读者购买。可见中盘出高价与读者退货概率负相关。设中盘的期望收益 E_s

$$E_s = \gamma\lambda\phi(-y - C_0) + \gamma\lambda(1 - \phi)(P_h - C_l - C_0)$$
$$+ \gamma(1 - \lambda)(-C_0) + (1 - \gamma)\lambda(P_l - C_l) \qquad (3 - 16)$$

其中 $\gamma\lambda\phi(-y - C_0)$ 是读者高价购入劣质图书后退货时中盘的收益，$\gamma\lambda(1 - \phi)(P_h - C_l - C_0)$ 是读者高价购入劣质图书后不退货时中盘的收益，$\gamma(1 - \lambda)(-C_0)$ 是读者不出高价购买劣质图书时中盘的收益，$(1 - \gamma)\lambda(P_l - C_l)$ 是读者低价购入劣质图书时中盘的收益。对 γ 求导，求解中盘价格选择的平衡点

$$\lambda^* = \frac{C_0}{P_h - P_l - \phi(P_h - C_l + y)} \qquad (3-17)$$

当图书质量低时,若读者购书概率大于λ^*,中盘倾向出高价;反之,中盘出低价。此时中盘出高价与伪造成本C_0负相关,与读者退货概率ϕ负相关。虽然在网络时代读者获得图书的信息更多了,但是由于进入网购平台的门槛低,虚假信息也泛滥。读者在购买图书时会注意维护自己的权益,发现图书质量问题会采取退货等维权措施。

以上分析说明,对于中盘来讲,在网上伪造信息的成本是非常低的,故政府相关管理部门应该进一步明确责任,建立有效的惩罚机制,加大监管和惩罚力度,降低中盘伪造信息的概率。

读者购书并不是一次性的行为。如果中盘提供的图书质量不好,消费者在下次购买其他书时可能就选择其他方式或者平台,这对中盘也是一种惩罚,促使它提高市场诚信度。特别是在大数据环境下,企业伪造信息变得几乎不可能,市场会变得更加透明,企业在市场和社会的影响力越来越成为企业的隐性财富,这会使产品的集中度越来越高,企业的好产品、好口碑、好服务越来越受到消费者的青睐,而靠投机取巧生存的企业则会被市场无情地抛弃。

七、进一步讨论

大数据时代图书出版业的市场环境和产业环境都已经发生或正在发生巨大变化,市场变得更加开放,产业竞争也日益激烈,任何类型的出版企业都可以通过大数据服务找到自己的市场定位,成为细分市场的主导者。但是企业应用大数据需要资金、人才、技术上的资源支持,并不是每个出版企业都可以建立大数据管理平台,市场需要一个能够为无自建平台的出版企业提供大数据管理服务的企业。另外,原本很多不相关的行业也通过大数据和"互联网+"联系起来,出现新的表现形式——社会网。社会网是一个复杂网络,社会网里的节点包括企业、组织、个人、团体等,用互联网(虚拟)和实际关系(现实)将它们联系起来,商业机会蕴含其中,市场交换网络就是它的一个子网,企业的客户管理发生在其中,因此企业的大数据经营管理是以社会网为基础的。图书出版市场也只是社会网的一个子网络,读者的消费习惯、交往圈子等也蕴含在社会网中,出版企业的重要任务之一就是用大数据技术分析来自这个网络中的数据,提高出版企业经营效率。具体而言,大数据的实时数据监测和分析功能可以帮助出版企业实现个性化的精准广告推送。利用大数据进行精准营销将会极大地提高数字出版企业的竞争能力。大数据的预测功能也能帮助出版企业在策划选题等环节做到智能化。大数据技术的应用可以实现出版业管理机制的变革。传统图书出版企业如果不能在这个重大的转折时刻选择大数据实现企业运营机制的变革，就可能错失发展机会。

传统模式下出版企业创新能力不足，出版物重复严重、出版种类覆盖不均，跟风抄袭抢占市场是个别中小型出版企业的生存策略。但在大数据模式下，中小型出版企业可以通过参与到大数据出版中抢占市场先机。不能及时转型到大数据出版的企业会逐渐失去市场份额，即使是资源雄厚的大型出版企业也不例外。根据前面的博弈论分析结果，出版企业最好的策略是尽早参与大数据出版，从以内容销售为目标的经营模式转向以满足用户需求为目标的经营模式。

作者的收益是经济效用和社会效用的统一，以社会效用为主。图书拥有很高的社会价值，如果图书市场的内容生产者的权益得不到合理的保护，作者写作的意愿就会降低，图书市场将会缺少好的内容产品，使得整个社会的效用也会大大降低。但在大数据时代，强大的数据监控和数据分析机制可以帮助作者尽早发现侵权行为并进行维权活动，从而降低了维权成本，使作者更加愿意进行内容创作。另外，大数据可以杜绝侵权行为，一方面，未来的加密技术使得盗版图书生成的内容不可阅读；另一方面，大数据是"上帝之眼"，市场违规行为都会即刻暴露于天下，侵权行为会给经营者造成非常不好的社会影响，侵权边际成本无穷大。因此在大数据环境下，作者根本不用担心盗版问题，另外，作者和读者的身份也变得模糊，作者和读者的互动是产生好的图书内容的最佳途径，甚至通过一个读者群交流就可以产生一个创意，完成一部作品。

中盘在传统的图书销售模式中承担着信息流通、物流转移、金融流通等重要功能。但是由于中盘与出版企业都要追求各自收益的最大化，两者博弈会走向"囚徒困境"模式，即使重复多次博弈也不能自发实现效用最大化。在电商的冲击下，传统图书中盘目前已经蜕化为图书经销商之一，不再承担信息传递、物流、金融流通等市场功能，中盘的市场功能弱化。大型图书电商虽然现在具有一些传统图书中盘的市场功能，但通常情况下它不会为出版企业提供大数据服务，因此这类电商的目的是销售，并不主动承担其他功能，故不能称为新型图书中盘。传统中盘的作用弱化，出版企业与读者之间的信息通道几乎丧失。各出版企业通过自办发行分散捕捉对自己有利的市场信息,但往往力不从心,耗费大量人力物力,不能专注于图书内容的精益求精。事实上,从图书业的特性来看,图书市场是非常需要中盘的,未来,必然会有企业或组织以新的形式实现这一市场功能。

在内容为王的大数据时代,读者会不自觉地融入大数据当中,读者的交易数据、地理位置、读者间的交流数据等都是出版企业大数据出版的选题策划依据。同时,读者也可以通过大数据发现自己真正的偏好,实现精准购买。读者和出版企业在大数据环境下可以实现真正的无缝对接,读者的需求通过大数据分析后被出版企业作为选题策划的重点,甚至出版企业可以满足单一读者的个性化需求,这是智慧出版和印刷技术进步的必然结果。在传统出版市场,读者是信息缺乏的一方,但是在大数据时代,读者不仅是大数据的生产者也是大数据的消费者。

图书出版市场是一个极为特殊的市场,它不仅让市场参与者获得经济利益,而且还承担着为全社会提供精神食粮、向社会做正确的舆论导向、传播知识文化等社会责任。图书市场的繁荣不仅使市场的参与者受益,而且是人民文化需求日益增长的体现。要实现中华民族伟大复兴的中国梦离不开国民文化素质的提高,需要一个繁荣的图书出版市场。图书市场繁荣不能仅仅依靠企业和读者的自发驱动,还需要国家政策的指引、资金的支持。通过大数据与出版业的融合,图书市场不断向好。

参考文献

[1]新华社.2016年中国图书零售市场总规模突破700亿元[EB/OL].(2017 – 01 –12)[2020 – 12 – 13].http://www.gov.cn/xinwen/2017 –01/12/content_5159242.htm.

[2]周斌.图书市场中盘格局研究[D].南京:南京师范大学,2004.

[3]大数据的下一个前沿:创新、竞争和生产力[EB/OL].(2014 – 08 – 27)[2020 – 12 – 13].http://world.chinadaily.com.cn/2014 – 08/27/content_18498317.htm.

[4]ALEXANDRA A. Your e-book is reading you[N]. The Wall Street Journal, 2012 – 06 –29.

[5]迈尔－舍恩伯格,库克耶.大数据时代[M].盛杨燕,周涛,译.杭州:浙江人民出版社,2013.

[6]何露露.大数据时代我国图书网络营销的困境与出路[D].武汉:华中科技大学,2014.

[7]袁琳.中国数字图书消费市场研究[D].上海:上海大学,2012.

[8]赖政兵.中国出版业制度创新研究[D].南昌:江西财经大学,2012.

[9]KAMEL B,ALBLUWI Q. A robust software watermarking for copyright protection [J]. Computers & security,2009(1):395－409.

[10]李纲,邢晶晶.数字图书馆版权保护的博弈分析[J].中国图书馆学报,2003,(1):62－64.

[11]林全,陈丽,谷冬梅.中国图书分销模式的博弈论分析[J].情报杂志,2006(07):122－124.

[12]胡象明,胡雅芬.信息不对称条件下图书质量的博弈分析[J].出版科学,2008,16(4):12－16.

[13]张军娜.我国数字出版机构与传统出版机构博弈分析[D].西安:陕西师范大学,2011.

[14]郑小强.基于三方博弈的图书盗版问题分析[J].出版科学,2011,19(6):49－52.

[15]贾宁芳.数字图书馆与数字出版机构的博弈分析[D].哈尔滨:黑龙江大学,2014.

[16]刘红,张冠勇,李金山,等.图书供应链管理模式的构建与应用[M].北京:北京邮电大学出版社,2014.

[17]陈淼,隆捷,魏琴.电子图书版权问题的博弈分析[J].图书馆学刊,2004,26(5):33－34.

[18]曹俊松.智猪博弈视角下图书跟风出版现象研究[D].合肥:安徽大学,2014.

[19]韩丽.论大数据出版的时代特征与发展路径[J].中国报业,2015(10):24.

[20]PICARD R G. Changing business models of online content services:their implications for multimedia and other content producers[J]. The international journal on media management, 2000, 2(2):60－68.

[21] 周丽霞, 王萍. 数字图书馆与作者的博弈生存[J]. 情报理论与实践, 2011, 34(3):35 - 38.

[22] 汪贤裕, 肖玉明. 博弈论及其应用[M]. 北京:科学出版社, 2008.

[23] 刘欢. 围剿网络虚假广告的利器:消费者反悔权:对卓越亚马逊、淘宝网、当当网"无理由退换货"比较分析[J]. 法制与社会, 2013(24):69 - 70.

第四章

大数据对出版企业的内生影响

出版产业链可以分为出版、印制、发行三大环节,这三大环节中又可以细分出若干细节和流程,例如出版就是由选题策划、作者写作、编辑加工等一系列流程构成,是出版产业链上的核心,由专门的出版企业承担完成[1]。

图书发行的形式多种多样,有网络、实体店等各种形式,目的都是实现出版物在市场系统内的流通。图书发行过程中会产生海量的数据,整条产业链上的各个环节上的企业都希望收集到这些有关销售、市场、读者的数据,而这些数据往往因为渠道的不畅通而形成数据孤岛[2],无法被出版企业充分利用。一些有固定格式的数据被出版企业或者图书销售商等存于特定的服务器内,也不能实现共享。随着信息技术的进步,现在的大数据分析工具不仅能处理有固定格式的数据,而且对无固定格式的数据也可以快速分析处理,从而帮助出版企业提高市场营销的效果。数据越充分,分析的效果就越好,结果就越优。因此获得全面的、多角度的数据是大数据分析的基础,只有数据共享或至少是大范围互访,大数据的潜能才能凸显出来[3]。

我们讨论的前提假设是:分析的数据是全面的,可以捕捉足够多的细节,即大数据可以窥见市场的全貌。分析大数据对图书出版企业的作用主要体现在两个方面:一是对出版企业市场营销团队的变革和优化;二是通过对销售数据进行挖掘和分析,以提升出版环节的各项效益。

一、大数据优化出版企业的发行系统

利用大数据优化出版企业的发行系统,首先要做的就是对社会网络的搜索。社会网络是以互联网为平台将人与人的交往连接起来而形成的网络,人们的日常行为都会在网上留下痕迹。人们的交换网络只是社会网络的一个组成部分,具有即时性和零时空性。对社会网络探索的方法之一就是对大数据予以分析,一方面需要采集社会网络互动的关联数据，另一方面要有对应的数据分析方法。"思想流"是美国社会物理学家彭特兰首先提出来的概念[4]。"思想流"是指人们的思想、观念、知识和对事物的认知在人际（城市、公司、家庭）之间的相互传播、交互、更新、升华等互动行为。社会互动对人类获取信息、决策行为起着决定性的作用，人们发现影响整个群体的决策几乎都是在社会互动的情境下完成的。事实上，思想汇聚只是对那些不存在互动（团队成员独立行动）的简单预估的问题比较有效，一旦存在团队互动，思想汇聚这种办法就会失去作用。社会学习可以有效反馈团队最好的想法，即使小的团队也将会呈现群体智慧。群体智慧效应产生于团队成员形式多样的"思想流"中，团队可以从成败经验以及多样的社会学习中作出决策。复杂的数学方法可以帮助人们从社会网络中获得好的想法，找到作出更好决策的最佳路径。

发行团队不是独立行动且行为随机的个体的简单集合，必须有团队的发行策略和工作方式。团队的协作精神、工作效率和决策效果，可以通过采集、分析团队工作期间相互合作的社会网络数据得到有效发挥和提升。发行团队的营销策略应来自社会互动产生的"思想流"，这"思想流"不是团队中每个人想法的简单汇聚和平均。一个好的决策往往来自团队成员的互动。利用大数据可以从社会网络研究中发现如何使用社会学习找到解决问题的办法，即群体智慧。群体智慧是介于成员的孤立行为和类似股市羊群效应之间的一种共享的或者群体的智能，它是从许多个体的合作与竞争中涌现出来的，在人类的社会网络及计算机网络中形成，并以多种形式的协商一致的决策模式出现。这也正是社会学习能够为团队营销带来提升的地方。"思想流"的速率是衡量营销团队收集和提炼决策效果的一个重要指标，它可以预测团队的工作效率和创造性工作。

大数据可以帮助我们发现团队中的营销能手，以及他们独特的工作方法。一般来说，营销能手总是对任务做预判性的尝试，与业内重要人员相互沟通，建立未来可以帮助他们完成任务的关键纽带。大数据还发现营销能手在社会网络中与普通人有着很大的差别，营销能手在社会网络中有着强纽带关系，能够极大地提升营销效果。营销能手很少浪费时间，不会去做无用功或者瞎琢磨。营销能手的社会关系网络也更为复杂，因此他们可以从顾客、竞争对手和管理者不同的角度来分析问题，总是能找到更好的解决问题的方案，而普通员工解决问题的思路往往比较单一。

（一）大数据帮助出版企业精准营销、发现读者的消费范式

图书的销售数据包括单品销售数据、金融交易信息（如交易额、支付方式）、地理位置信息（实体书店的位置、在线交易时消费者的位置、IP 地址）、销售渠道的信息（如名称、位置、书品结构，以及销售某种图书的特许商店的信息），以及读者的信息（读者个人的详细信息、读者在人口分布的位置）等。多角度分析这些销售数据不仅可以提升营销绩效，还可以精准营销，甚至可以发现读者新的消费范式[5]。从销售数据可以统计出单品销售月冠军、利润最大的书品、滞销的图书等，然而如果利用大数据只是统计这些常规结果而忽略了很多的细节，以及数据背后所隐含的读者消费图谱，就浪费了所采集的详尽的销售大数据。

销售大数据的一个主要应用就是精准营销[6-8]。所谓精准营销就是企业依据所收集的读者的性别、年龄、职业、爱好、地理位置及其网页浏览、收藏记录、图书购买记录、书评等信息，利用大数据分析算法，为每一位读者建立一个独一无二的在线书店并提供可心的服务[9]，从而降低企业的销售成本，提升营销效果。精准营销不仅能为读者准确提供他所偏好的图书，还可以根据读者以往购书的规模和消费习惯为其量身定制一个营销套餐，使读者和出版企业（或者图书销售公司）均从中受益。例如，亚马逊涉足云计算、大数据服务领域后，意识到大数据对产品销售的重要性，就通过对用户的数据分析构建图书推介系统。该系统根据用户的消费数据自动地向读者推介可能购买的图书，起到了非常好的销售效果[10]。

除了上面谈到的大数据在精准营销中的应用外，大数据分析还可以得出读者新的独特的消费范式，这在大数据出现之前是不可能发现的。出版企业利用详尽的读者消费数据可以发现特殊的读者，他们有自己特殊的消费范式，例如有的读者长期购买某类图书，营销人员可以分析这类读者的社会网络拓扑结构，然后根据分析结果制定特殊的营销策略。这些特殊群体的读者对图书的需求量往往是普通群体的几倍甚至十几倍。再如通过数据分析可以挖掘某领域图书的深度读者，这些读者对这一领域的图书有着天然的兴趣。无论这一领域出版多少图书，这类读者都要购买，他们是这一领域的潜在专家或者潜在作者，出版企业策划选题应该重点关注此类读者。

另外，通过大数据出版企业可以构建读者社会动态网络，即将多次购买相同图书（设定一个阈值）的读者联系起来，由出版企业或图书销售企业匿名推介给

其他关联读者,让读者主动形成互动,图书信息在网络上流动。出版企业或者图书销售企业可以及时捕捉图书的销售信息,预测图书销量,甚至还可以预测哪些图书可能成为畅销品。读者社会网络还可以帮助出版企业发现关键读者,这些读者一般具有很强的号召力,对图书销售有推动作用,是出版企业的重点关注对象和营销对象。不同种类图书信息的传播范式不一样,出版企业可以从读者社会网络中发现图书信息传播的特殊范式,可针对不同的传播范式制定不同的营销方式。

(二)大数据提升图书营销决策

市场营销应与时俱进,营销人员应不断地主动接收来自不同学科的新理论、新方法和新技术。随着大数据的到来,市场营销理论与大数据技术完美结合,数据驱动营销决策,将会大大推动市场营销的发展变革。图书营销决策也悄然发生着变化,数据科学、机器学习等一系列大数据分析技术推动图书营销的变革。从营销的本质来看,营销的出发点是消费的异质性[11]和动态性,只有抓住这二者才能设计出好的营销方案。但是在大数据到来之前,要抓住读者的异质性和动态性并不容易,只能从群体层面细分客户,大数据到来后,洞察每个读者的异质性和动态性,即个性化需求成为可能。大数据营销的着力点就是充分利用大数据更强、更准、更快地预测读者的异质性和动态性(消费时机),从而实现与读者的精准沟通。

大数据营销除了对读者揿供贴心的服务外,还对改善营销决策、加强营销团队建设有重要作用。大数据驱动营销团队建设,可发现团队新特征,发现领导型员工。图书营销团队内部"思想流"的同步协调和上下一致对整个团队而言是至关重要的。如果多数成员都准备采纳一个新的想法,那么就比较容易说服反对者。销售团队多次重复多项互动合作,能够改善团队内部的气氛,并且可以有效提升彼此的合作效果,对营销的正确决策起着支撑作用。销售网络所有人员的合作性互动不仅可以增加彼此之间的信任,而且对增强网络社会纽带关系价值巨大。社会网络激励的营销效果比个体经济激励更好,这是彭特兰利用大数据分析社会网络得出的一个非常重要的结论,因此激励策略应该从对营销人员的激励改为对营销网络的激励。

大数据除了提高出版企业(或者图书销售公司)营销绩效以外,还可以探测市场竞争对手的营销策略。竞争对手的营销策略可以从在线零售网站的图书销售排名、图书俱乐部，或者其他渠道知晓，但是难以获得其具体的销售数据。社交网络上充斥着各种各样的数据，这些数据中可能蕴含着竞争对手的信息，出版企业可以使用特别的搜索工具在全网按照设计的行业目标以梳篦式的方法收集市场竞争对手的数据，然后对这些数据加以分析或许可以得到有关竞争对手的关键信息，这也是大数据分析的魅力之一。

然而，大数据技术和分析方法是建立在大量数据的基础上的，一般的出版企业或者图书销售公司仅靠在线评价、图书销售排名、追寻搜索引擎记录、宣传点击数量（主流媒体的露面次数、评论、社会媒体）所形成的图书销售的宏观脸谱是无法判别读者消费取向的，也无法对图书市场营销图谱作出精细描述。

二、读者的网上行为挖掘和图书的可发现性

对读者的网络行为挖掘是大数据的一项重要应用[12]，所以主流的搜索引擎均具有收集消费者（包括读者）在线数据的功能。出版企业可以利用这些数据进行用户信息和数据的筛选，形成读者资料。这些数据不仅可以揭示读者的消费偏好、选择、习惯[13]，而且还可以发现消费者是基于何种原因对图书、商品或者网页进行搜索的。消费者上网查询到商品或者服务的真实信息说明该种商品或者服务具有可发现性。例如，一个出版企业的图书信息可以被读者在网上找到，说明这个出版企业的图书是可发现的。图书可发现性体现在图书在网上的标签和内容展示，这些和读者的网上行为关系密切。好的图书标签和内容展示可以有效提高读者的点击率，进而提高图书的销售量。一般情况下，每一个图书销售公司都有一套独特的图书标签系统，该系统不仅能够引起读者的注意，展示图书魅力，而且能够呈现出版企业或者图书销售公司的企业文化和实力。图书的可发现性依赖于标签的设计、电子图书的在线获取（未必免费），以及关键词的选择、图书销售排名、图书在网上的搜索深度等。可获得性是指读者对图书内容的在线访问，它与图书的出版内容相关，更强调对内容的关注，满足读者的精神需求。可获得性与可发现性关系密切，应该说可获得性是可发现性的最直接的体现。

搜索引擎的优化包括算法的改进和程序设计的提高，可增强读者在搜索引擎对话框内输入词条查询的准确性。然而消费者并不知道机器是如何对词条进行排序的，如果人机二者词条的顺序差异太大就会导致搜索的准确性和效率变低，从而降低图书的可发现性。提高图书可发现性的一个有效方法是对网页进

行分类。网页分类可通过加载结构化标签,使搜索具有语义性、逻辑性,以其所对应的数据来提高检索的准确性。出版企业按照网页分类的标准来分析搜索的结果,将包含消费者输入的词条或者信息的搜索结果排在前列。大数据分析技术不依赖用户输入的文本信息就能够改善搜索引擎的优化结果。大数据分析技术能够对体量庞大的精细数据建立恰当可行的数学模型,并确定其中的相关性和发生概率。根据数据挖掘的结果,搜索引擎能够对元数据进行破译,将其应用于给定的词条,最大化商品信息的可获得性和可发现性,即消费者不用筛选搜索结果就能直接找到所要搜索的图书或者期刊。出版企业在图书内容创造过程中,可以将图书的内容元素数据化或将关键词标记,在图书编辑过程中将可获得性的标准添加在图书的结构和内容中,以提高图书在网上的可获得性和可发现性。

一般来说,现在的读者会先在网页中搜索某种图书的有关信息,然后根据销售的排名、书评作出是否购买的决定。然而当大数据和图书的可发现性相遇时,加上搜索引擎算法性能的优化,对读者网络行为的精准挖掘成为大数据的绝技,这可为出版企业或者图书销售公司提供其所关注读者的准确的消费图谱。出版企业根据读者的消费图谱从图书数据库中找到与其最匹配的图书然后推荐给读者,使图书信息从可发现性转向可获得性,即由读者上网寻找图书到图书自动推介给读者。这是对读者网络行为进行大数据挖掘的一个重要应用。除此以外,出版企业还可以根据消费者的图书消费图谱和图书信息的可发现性与读者的互动(包括读者上网的主动搜索、读者评价、出版企业向读者推介图书的反应)来优化出版流程、缩短出版时间[8,13],把握未来图书内容流行的趋势[14],精准把控图书的内容生产[15],甚至精准预测图书的印刷数量(不包括购买电子图书的读者,电子图书当然也可以准确地被大数据预测)。

三、形成以读者为中心的出版流程

大数据以不同的形式存在于图书出版业的各个环节中,对选题策划、内容生产和读者服务等出版流程会产生全方位、深层次、多角度的积极影响。

(一)优化选题策划过程

大数据改变的是图书选题策划的过程,但不会改变选题的基本目的,读者的需求、图书的价值依然是图书选题策划的出发点。随着市场竞争的加剧,选题的质量直接影响着图书的销售,特别是畅销书的选题要经过详细的市场调查和可行性论证。出版企业强调图书选题策划的科学性和市场性,但是传统的依靠经验的信息收集调研方法很难精准把握读者的需求。大数据内含有市场方方面面的数据,通过对信息的挖掘、分析,可以准确地把握市场的需求。大数据精确选题策划是指通过对主流社交平台和电商平台提供的用户网络行为的海量数据进行分析,筛选出各领域的前沿热点议题作为备选选题,将相关的权威或者焦点人物作为作者人选,同时对相关用户的性别、年龄、职业、地理位置等信息进行分析,以准确定位目标读者群和测量市场容量的选题策划方法[16]。大数据精确选题策划表现在两个方面:一方面,出版企业从大数据分析中挖掘市场需求、预判趋势,然后利用专业知识精准策划选题;另一方面,出版企业通过对大数据的开放共享,让读者也参与选题策划,形成具有自组织性、开放性的图书选题策划模式。

(二)以读者为中心的内容生产

大数据时代"作者"的概念被不断地拓展,读者逐渐从产业链的终端参与到图书的内容生产,图书的内容生产更多地以读者为中心。例如在 Inkitt 上面阅读的读者都能对作者提出修改建议(实现作者和读者的互动),读者可以说是共同的作者和编辑,这是未来的发展趋势。满足读者的文化产品心理需求是出版的价值所在,只有准确把握读者的心理需求,才能创造出读者喜爱的图书,可以说读者和作者之间的互动是实现出版价值的非常有效的途径之一。通过量化读者网上的阅读题材、场所、时长、强度、评论等主观感受,出版企业可聚类分析、判别形成内容生产的"潜在结构",这种基于读者的数据分析、痕迹跟踪和心理窥视,正是出版企业主动开展内容创造的出发点[18]。这种主动出版完全不同于传统出版模式,是基于对读者数据的长期跟踪和分析,能够满足读者的心理需求。另外,在现实生活中,消费者可能会提出自己对文化产品的特殊需求(一般会出现在社交平台或者出版企业的网络平台),而大数据可以帮助出版企业在全网发现这样的信息,出版企业据此为这些提出需求的消费者定制图书,这种出版模式也有着广阔的市场空间,是出版业未来发展的趋势之一。大数据模式下的出版几乎可以无限满足读者的需求,使读者得到极大的心理满足。

(三)满足个性化的读者需求服务

传统出版企业过分重视内容生产,而忽视了读者的个性化需求,读者在面对海量内容资源时,无法快速获取自己所需要的信息,从而影响了出版企业内容资源的价值实现。手机、信息和网络技术改变了人们的阅读方式,移动阅读已经成为主流的阅读方式。人们的阅读习惯也发生了相应的变化,阅读的便捷性使人们的阅读行为呈现片段化阅读、快餐式阅读、浏览式阅读的特点,而信息查询阅读带有更强的瞬间目的性(信息查询包括使用搜索引擎、微信、QQ 等),这些都是人们个性化阅读需求的体现。出版企业满足读者个性化需求的最好的办法就是提供交互信息服务,查询是一种最为重要、最常用的信息交互方式,例如有的图书数据库提供了词频查询服务。

还有一种以个性化需求为导向的读者服务模式,称为"需求侧阅读(Demand Side Reading,DSR)",该模式借助大数据技术分析阅读渠道、了解读者的需求,得到特定用户组的偏好,然后把数字内容和服务精准投放给目标客户。DSR 的具体体现是用大数据技术构建数据库,整合用户信息数据库和媒体信息数据库,将读者按需求偏好分类。企业用户的阅读需求是所处行业的行业知识和咨询,而个人用户主要通过学术网站、新闻网站、阅读网站、专业 APP、聊天平台等进行阅读,阅读需求一般分为兴趣爱好和工作学习。出版企业按照读者的需求提供消遣型、学习型或者其他类型的阅读产品。

四、大数据人工智能辅助图书编辑

传统的图书编辑流程包括"三审三校",在审校之前是选题策划,之后是印制出版和发行营销环节,是一种单向的线性编辑模式,其中缺少反馈环节,可能出现出版物不贴合实际需求的情况。在图书出版的所有环节中,编辑是最为复杂的一个环节,编辑细微的工作都会影响读者对作品的理解、图书的质量和最终的销售。而即使是经过专业训练的文字编辑在审校原稿时也会面临严峻的挑战。在大数据背景下,计算机程序模拟人类对文稿进行编辑已成为可能,虽然不能完全替代人类,但也相对减少了图书编辑的工作量。

图书编辑活动中的信息采集、鉴定、选择、编序和组织环节可以利用大数据人工智能予以改进。人工智能辅助图书编辑高效完成图书内容的加工整理、图片识别、输入格式的转换、智能翻译、内容查询和语音人机交互等任务,甚至可以跨越图文界线实现多媒体信息的跨模态处理[19]。语言文字的处理过程具有形式范化的特征,在逻辑上是可行的,具有可操作性,这正是人工智能所擅长的领域之一,它具备与图书编辑加工融合发展的可行性[20],因此人工智能可以通过大数据来实现编辑工作的自动化。目前人工智能在教材教辅和科普少儿读物的编辑中有部分应用。

虽然大数据和人工智能可以极大地提高编辑团队的效率,但是大数据和人工智能的使用不能完全脱离人的干预,相反人工智能虽然减少了人们对图书编辑操作的工作量,提高了图书质量,但也使得图书编辑的风格近似。由于人类语言极其复杂、微妙,同一种表达在不同的语境中有着不同的含义,人工操作可以修改人工智能无法识别的错误,对图书或者稿件进行编辑,做最后的把关,因此人工操作是人工智能辅助编辑不可或缺的环节。

人工智能辅助图书编辑的具体步骤包括:①作者上传稿件;②人工智能初审;③初审不合格者退稿修改,合格者由人工智能完成初步文字加工及排版工作;④复审人员复审;⑤终审人员终审;⑥复审终审问题交由有经验的责任编辑修改;⑦人工智能辅助美编进行封面设计;⑧人工智能进行质检;⑨出蓝图、印刷、装订。这是一个简单的编辑流程,在第四步才有编辑介入,之前全部由大数据和人工智能完成。人工智能辅助编辑大大地缩短了图书编辑加工的周期,提高了图书编辑质量和效率,降低了编辑人员的工作强度,最后由复审和终审人员把关保证图书质量。其中自然语言处理技术是知识获取、知识表示的技术基础,关系着人工智能辅助编辑的应用水平。随着自然语言处理技术水平的提高和人工智能与出版业的深入融合,大数据人工智能辅助图书编辑全程自动化可以成为现实。

五、大数据优化出版企业组织设计

(一)组织设计概述

企业组织是企业管理的基础和载体,组织结构是企业生产经营管理功能的具体体现,出版企业之间的竞争从某种意义上讲就是组织的竞争[21]。当前大多数中小型出版企业的组织设计依然是以传统的形式为主,而且组织设计也不是出版企业优先考虑的问题,出版企业在一定程度上忽略了组织设计的重要性。在大数据时代,这种情况需要改变,组织设计的本质是寻找组织系统、组织内的各个子系统和组织所处环境之间的动态平衡或者一致性[22]。组织设计的指导原则是系统性原则、适应性和灵活性原则、人本主义原则、顾客导向原则、核心竞争力原则,这些组织设计原则都是以效率优先。组织设计必须充分考虑组织环境、组织的各子系统之间的相互作用与相互依赖关系,充分考虑组织设计的系统性。组织所处环境的快速变化和不可预知性,对组织设计提出了更高的要求。企业的旧有组织结构会阻碍企业的新陈代谢,因此适应性和灵活性对企业的组织设计非常重要,企业组织设计必须重视人,充分考虑员工的个性特点,充分调动员工的创造性和积极性,使其参与企业的组织管理。顾客导向原则要求整个组织都要为顾客服务,保证对顾客服务的流程高效,组织中的每一位成员和每个部门都要意识到服务顾客,而不仅仅是完成组织规定的职责权限。组织设计必须能为保持和发展组织的核心竞争力提供各种资源、制度和环境。凯特(Kates)和加尔布雷斯(Galbraith)的恒星模型给出了组织设计的五个基本元素:策略、结构、过程、奖励与激励机制、人。组织设计要在遵循上述原则的前提下有效合理地组织五个基本元素,将它们有机地结合起来,帮助出版企业设计出高效运行的组织机构。

(二)出版企业传统组织模式及其弊端

目前我国出版企业基本上还是沿用20世纪50年代计划经济体制下垂直式职能型的组织机构[23],部门按照职能划分,并由社长直接管理,如图4.1所示。这种组织设计的优点是结构简单、职能管理高效、工作目标明确、节约管理成本,符合组织设计原则。出版企业传统组织设计围绕市场,将出版工作分为选题策划、图书编辑、出版印制、市场营销等环节,企业激励的优秀员工往往其他员工并不十分熟悉。这种层次型的组织结构简单,缺少对等的网络激励,员工因不能彼此学习最佳做法而无法保持较高工作效率,普通员工更是无法参与管理,部门之间没有相互学习的机会,这导致业务流程低效且僵化。

图4.1　出版企业传统组织模式

出版企业传统的层次性组织结构的弊端主要表现在以下方面。

1. 追求部门目标，忽略出版企业的整体利益

部门员工只关心本部门的职能目标，漠视组织目标，导致部门目标与企业目标的错位。例如策划只关心图书的出版时间，编辑只关心编校的质量，出版部门只关心印刷质量，营销部门只关心销售量，而社长不得不将精力放在协调部门之间的利益关系和矛盾处理上，从而影响了出版企业的整体发展规划和效率。

2. 管理者积极性不高，沟通渠道单一

我国的出版企业管理权集中，部门负责人往往不是计划的制定者和执行者，只是传达者，工作积极性难以发挥。再加上直线式管理，信息只能纵向沟通，造成信息传达缓慢和信息失真，影响企业的整体决策。

3. 职能部门结构封闭，信息横向沟通缺失

由于出版企业的组织设计是职能导向性的，每个部门的专业人员只熟悉本部门的工作，将注意力集中在本部门的任务上，缺少部门间的横向沟通，难以产生头脑风暴，致使企业创新不足，无法满足图书的时效性和读者的差异性需求，从而影响出版企业的整体效益。

4. 社长和总编双线领导系统，工作目标难以统一

出版企业传统组织结构是职能部门垂直设计结构，重叠着社长和总编两条垂直管理系统，表面上各司其职，却常常出现因观点分歧而影响工作的情况，严重影响出版企业的正常工作和效率。

这种层次型组织的工作模式是，员工坐在办公室内独立工作，他们按照事先制定好的工序完成既定的工作后，将工作交到下一道工序的同事手中，由另外一名不太熟识的员工使用既定的核对表格进行质量控制，而核心管理层对整个工作进行监管。这也是为什么当今大部分出版企业依然效率低下，工作缓慢仍漠视大数据的存在，固守传统出版商业模式的原因所在。

（三）大数据与出版企业的组织设计

大数据可以为出版企业的组织设计带来革命性的改变，出版企业的组织设计原则应该从围绕市场、效率优先转向强调社会连接方面。生产效率是出版企业追求的目标之一，但是实现这一目标的组织结构设计依据的不只是上述的五个原则。虽然每个原则对设计高效的组织都很有帮助，但是它们仅仅反映的是高效组织真实面目的某些侧面，即便是在组织设计时综合考虑了五个原则也未

必全面。社会物理学最近的研究成果告诉我们，出版企业高效的组织设计方案，或者说模式，隐藏在反映社会网络链接的每个矩阵中。出版企业将大数据作为组织设计的基础，借助社会物理学的原理和行为计算学的研究方法，对大数据进行收集和挖掘，构建出版企业高效的组织形式，借以重新规划部门，以及部门之内和部门之间的运行方式，从而进一步提高生产效率。

彭特兰在他的《智慧社会》一书中指出："要从使用组织结构图的管理方式转而使用监测'思想流'的管理方式，就需要放弃只依赖个体才能的管理组织方式，通过塑造互动模式来获得更好的组织智慧。"这明确地告诉我们，过去那种个人领导集体、看着组织结构图来管理出版企业的方式不利于组织智慧的发现，而这反倒成为组织效率的桎梏。要想提高出版企业组织的效率，就要通过互动的模式来获得组织的群体智慧，通过使用监测"思想流"来管理组织，即放弃静态的组织结构图，专注于真实的、每个人都积极参与的互动网络，让"思想流"更有可能转变为组织（部门或整个企业）协调一致的行动。彭特兰认为，解释社会现象的一个大数据方法就是行为计算学。行为计算学会告诉我们，为什么社会对某件事情的发生会做出那样的反应，甚至它会以数学模型为基础给出这些反馈能否解决人们所关心问题的计算结果。因此，我们可以把社会物理学作为指导出版企业制作畅销书的理论基础，更应该把它用在提高出版企业组织效率，或者说提升公司的运作能力上。由前面讨论可知，社会物理学携手大数据可以帮助出版企业提高各出版环节的效率，发现最佳组织结构和组织运行模式。借鉴彭特兰的社会物理学寻找出版企业成功的组织结构，就要涉及探索能力、"思想流"、参与度等有关衡量组织的标准。如果出版企业的组织形式仍然围绕市场设计，那么就会错失大数据对企业经营的积极作用，以及企业在市场竞争中取胜的关键节点。如何应用大数据来增加企业绩效？捕捉市场取胜的关键节点？具体而言，应从以下几个方面着手：

第一，出版企业要收集读者、作者等客户数据，企业的各种测量数据和企业员工参与各种活动的互动数据，然后利用各种数学模型、算法来分析数据，挖掘数据中所包含的出版企业内部、企业之间，以及出版行业内的多种互动模式。社会物理学已经开发了多种收集数据的工具，出版企业可以利用这些工具收集组织、员工、客户参与各种活动的互动数据。这些数据中蕴含着出版企业全面、精准的运作模式，是企业长期取得成功的基础保障。马成功在他的著作《重新定义组织》中引入"管理者－员工－用户"模型,使企业的组织结构更加牢固,企业运营在这样的模式中也会逐渐丰富和生动起来。由此可见,读者(客户)参与出版企业管理是未来出版企业管理的主要创新模式,这是社会网络激励的必然结果。

第二,任何事物都有其局限性,大数据也不是万能的,出版企业的组织设计不能忽略人的因素。我们前面谈到组织设计的原则时强调人本主义原则,在组织设计的元素中人是五个构成元素之一,因此组织设计的创新理念也要强调人的重要性。我们生活在一个充满数据的时代,似乎数据正在解决一切问题,完全代替了内在价值极高的人,出版企业遇到困难时,首先向数据要答案,而不是该领域的专家。事实上,当与难题有关的数据缺失时,该领域的专家依据多年的经验和对问题的理解,完全能基于个人素质将看似无法解决的问题加以解决,因此我们在任何时候都要强调人的主观能动性。当数据缺失时,组织设计应该安排这种以人为核心的解决问题的预案,这种模式不仅能最大限度地发现问题的症结所在,还可以快速、彻底提出解决问题的方案,甚至还是革命性的。

第三,出版企业的组织设计受团队的互动性、创造力和工作绩效的影响,团队中不同的意见作为团队互动的重要组成部分,不会降低团队的工作绩效,反而可以帮助团队产生很多新思想、新观念,在提高团队绩效方面和其他意见一样起着相同的作用[24]。当讨论问题时,应该鼓励人们分享意见、提出质疑发起挑战,从而发现问题、解决问题,提升出版企业对客户(读者)的服务,提高企业绩效。这样反复交流互动的过程会产生新的或者改进的想法,为出版企业的经营和发展提供更多支持。这也就需要健康的"思想流",把组织看作是通过个体互动来获得和传播想法的机器。企业领导通过促进组织内部健康的互动来提高组织的绩效,而组织内部的互动方式对企业绩效变化的原因提供将近50%的解释[4]。因此,出版企业要想优化"思想流",就要找到探索问题和员工互动的最佳结合点,把精力重点放在改变人们之间的连接上,而不是改变他们的行为上。鼓励员工探索企业经营中的问题及其解决之道是离不开奖励的,要注意奖励的导向,即要把奖励的重点放在组织成员互动的社会网络里,而不是对某个杰出个人的奖励,也就是要对组织中能够快速发现问题解决之道的交流模式的奖励。出版企业对工作描述中的每个环节都要有所奖励,要奖励提出新想法的员工,更要建立起能够解决关键问题的社会网络互动的方式,也就是社会网络的交流方式,奖励那些推动问题解决的关键人员和影响其他员工的人员(有可能不是本企业的员工),从而快速发现解决问题之道,提高企业生产力和创新力。

彭特兰在《智慧社会》一书的第五章给出了塑造高效组织的途径:参与、探索和多样性。组织成员之间的高度信任是灵活合作的基础,因此组织内成员平等相待,能够产生良好的互动,没有人处于主导地位,这样的互动方式是产生好想法的捷径,可以提高团队的绩效。团队成员面对面的互动是最好的方式,因此工作环境就成为发生良性互动的重要影响因素,如恰当的室内装饰设计有利于员工之间的互动并产生好的"思想流"。出版企业要为产生良性互动效果提供有利的工作环境或者通信设备,这将有利于"思想流"的优化和新观念的内化。为此出版企业要鼓励员工彼此交往,让不同区域、部门、工作小组的员工互相认识、观察、学习、讨论、争辩,这些互动会形成新的思想,产生更大的创新力和解决问题的能力。

第四,提高出版企业的生产力和创新力离不开各领域、各层次的探索。个人的探索模式依赖个人素质和习惯,但是企业发展问题的探索不能只依靠个人,而更应该由团队来完成。团队探索的模式不是一成不变的,每个团队会有其特点和特性,因此,需要发现团队的探索模式,其中可视化是最重要的途径。出版企业要把信息中心的管理模式可视化,采取适当的措施确保团队内部以及团队之间的想法流的畅通,以提高团队探索的质量。企业的群体智慧的价值随着思想多样性的增加而增加。"思想流"多样性缺乏的原因是社会网络有太多的相似想法并反复循环形成闭环,或者与外界联通的渠道过于雷同。如果思想雷同或者来源有限,企业就会丧失集体思维。

第五,出版企业要保持持久的活力,应该最大限度地塑造高效的组织形式,既要有员工平等参与组织内外的良好互动,又要有不拘一格的外部联结增加思想的多样性。细致和持续的团队探索可以帮助出版企业找到最优的经营策略,这就要求出版企业建立一套从讨论、争辩到最后决定是否采纳新想法的快速反应工作流程。分布式的智力学习和企业内化,可以为公司不断提供卓有成效的发展策略,为出版企业的长久发展带来好处。

参考文献

[1]刘红,张冠勇,李金山,等. 图书供应链管理模式的构建与应用[M].北京:北京邮电大学出版社,2014.

[2]闵超,石佳靓,孙建军. 新闻出版业大数据应用新业态分析[J]. 数字时代, 2015,8(15):65-68.

[3]弗雷茨,柏雯,曹子郁,等. 大数据出版[J]. 出版科学,2017,25(1):5-17.

[4]彭特兰. 智慧社会[M]. 汪小帆,汪容,译. 杭州:浙江人民出版社,2015.

[5]吴赟. 产业重构时代的出版与阅读:大数据背景下出版业应深度思考的五个关键命题[J]. 出版广角,2013(4):9-11.

[6]田军. 出版传媒企业中大数据的实际运用[J].新媒体研究,2017(13):54-55.

[7]杨海平,聂晶磊,赵燕宇.大数据背景下出版业精准营销研究:以图书为例[J].科技与出版,2017(9):8-11.

[8]向安玲,沈阳.基于大数据的出版流程变革[J].出版广角,2014(14):54-57.

[9]贾睿茹.大数据时代图书编辑"编辑力"的提升[J].新闻论坛,2017(6):116-118.

[10]平林.关于出版业大数据应用的几点思考[N].中国新闻出版广电报,2017-12-25(4).

[11]钱学锋,李莹.消费者异质性与贸易利益的个体分配:一个文献综述[J].北京工商大学学报(社会科学版),2017,32(5):25-35.

[12]任娟.读者行为挖掘与分析的大数据技术应用[J].编辑之友,2017(01):31-34.

[13]赵辉,李治堂.大数据时代的印刷业发展[J].印刷工业,2014(8):60-61.

[14]杨鑫健.终有一天大数据会"颠覆"出版业[N].IT时报,2013-08-19.

[15]刘志伟.云计算大数据升温中探模式[N].中国出版传媒商报,2013-11-08.

[16]刘鲲翔,杜丽娟,丁雪.大数据技术在数字的应用前景展望[J].出版发行研究,2013(4):9-11.

[17]闫伟华.大数据分析与畅销书选题的精准策划[J].编辑之友,2015(6):5-9.

[18]庞燕,程燕琳.试论大数据时代数字出版内容生产方式的转型[J].数字时代,2015(22):31-34.

[19]武菲菲.人工智能技术与出版行业的融合应用[J].出版广角,2018(1):

26 – 28.

[20]桑昀. 人工智能与图书出版融合发展研究[J]. 科技与出版,2017(9):
94 – 97.

[21]崔青峰. 浅析出版企业组织结构设计的原则和程序[J]. 中国科技信息,
2007(12):137 – 138.

[22]宋峰. 企业组织设计理论的发展框架[J]. 科学管理研究,1998,16(5):
48 – 53.

[23]马成功. 重新定义组织:用户如何与企业联盟[M]. 北京:机械工业出版
社,2016.

[24]NEMETH, PERSONNAZ M, PERSONNAZ B, et al. The liberating role of con-
flict in group creativity: a cross-national study[J]. Europe journal of social psy-
chology, 2004(34):365 – 374.

第五章

图书出版商业模式构成要素变迁及其原因分析

一、图书出版商业模式的构成要素分析

(一)传统图书出版商业模式的构成要素分析

商业战略专家斯沃特(Stewart)认为,商业模式是企业能够获得并且保持其收益流的逻辑表述[1]。传统图书出版商业模式是指电商出现以前图书出版企业经营所采纳的商业模式,图5.1给出了传统图书市场渠道结构示意图。从该图可以看出,出版企业在传统商业模式中倚重的是合作中盘。

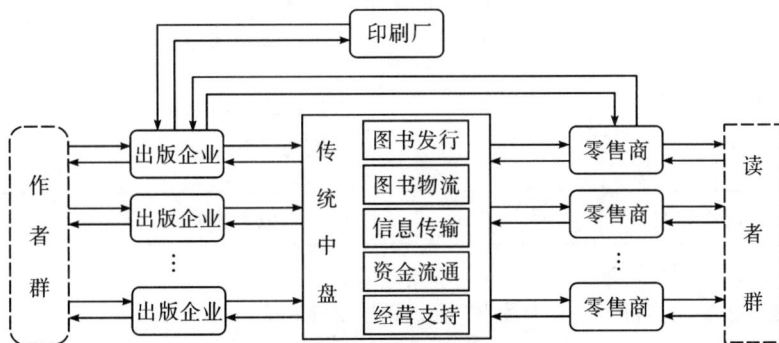

图 5.1 传统图书市场渠道结构示意图

魏炜、朱武祥将商业模式定义为利益相关者的交易结构,完整的商业模式体系包括定位、业务体系、关键资源能力、盈利模式、自有现金流结构和企业价值六个部分[2]。结合出版业的实际情况和已有的研究结果,王秋林认为出版商业模式是指出版企业在识别读者或客户价值的前提下,构建差异化的内部出版业务流程和外部交易结构,以获得出版企业持续发展所需的收益流和竞争优势,并体现出版企业文化和经济价值的商业运行逻辑[3]。简而言之,出版企业的商业模式就是出版企业使用已有资源为读者和客户创造价值,赚取利润,并进一步获取

可持续发展资源的方法。如果出版企业商业模式选择得当,企业发展会有更大的空间和持续活力,出版企业的盈利能力将会显著增强。我们采用奥斯特瓦德和皮尼厄提出的商业模式画布模型来讨论传统图书出版商业模式的构成要素。商业模式画布是一种分析商业模式的通用工具,能够对商业模式作可视化评估和创新研究。商业模式画布包括九个要素,即目标客户、价值主张、渠道通路、客户关系、收入来源、关键资源、关键活动、关键伙伴和成本结构九个变量[4]。我们从这九个方面来分析传统图书出版商业模式的构成要素和它们之间的关系。

商业模式画布模型中的九个要素较好地厘清了企业如何创造价值、传递价值和获取价值的原理,完整地描述了商业模式,可以展现出版企业创造价值的逻辑,如表5.1所示。

表5.1　传统图书出版商业模式构成要素

关键伙伴	关键活动	价值主张	客户关系	目标客户
1. 传统图书中盘 2. 作者	1. 选题策划 2. 图书编辑 3. 装帧设计 4. 发现作者	1. 阅读内容 2. 社会价值,例如传播知识	1. 出版企业与作者 2. 出版企业与读者 3. 出版企业与合作中盘及其他	印刷商、合作中盘、作者、重要读者、图书馆
	关键资源		**渠道通路**	
	1. 版权 2. 作者资源 3. 书号		通过合作中盘销售图书	
成本结构		**收入来源**		
作者版税、管理费用、员工工资、印制装帧费用、营销费用、图书退货损失		图书产品的销售及衍生服务		

1. 目标客户

在传统图书出版商业模式中,目标客户要素描绘了与出版企业图书生产销售相关的出版企业以外的不同人群或组织,回答了出版企业为谁创造价值,以及由谁来获取图书价值等问题,包括货币收入和社会价值。例如,读者可以从书中获取精神享受从而获得使用价值,作者可以获得版税和名誉增值,印刷商通过印刷业务获得收益,合作中盘通过销售图书获得收益,图书馆通过购买图书实现社会价值。图书销售通过中盘,一般情况下出版企业不会直接接触读者,所以我们将传统图书商业模式的客户中的读者标为重要读者,重要读者有一定的社会影响力,例如通过写书评影响图书的销售规模。

2. 价值主张

在传统图书出版商业模式中,价值主张描绘了图书产生的社会价值,主要表现在两方面:一是读者通过阅读图书可以获得精神享受、获得知识、塑造正确的价值观等;二是图书的宣传价值、价值导向等。传统图书出版商业模式价值主张就是满足了读者的阅读需求、查阅需求和传播知识文化。

3. 渠道通路

在传统图书出版商业模式中,渠道通路要素描绘了图书传递价值的通路。它包括两种类型:直接渠道和间接渠道。直接渠道是指出版企业直接将图书投送到零售书店、图书馆或读者手中,这种模式规模比较小。间接渠道是指图书销售经过合作中盘,这是主要模式。

4. 客户关系

在传统图书出版商业模式中,客户关系要素描绘了出版企业为图书的生产和销售而建立的主要关系。由于出版企业的主要目标客户包括印刷商、合作中盘、重要读者、作者、用户,因此在传统图书出版商业模式中的客户关系包括出版企业与作者的关系、出版企业与读者的关系、出版企业与合作中盘的关系、出版企业与印刷企业及与其他客户之间的关系。作者和出版企业是相互选择、相互依存、互相促进的合作关系,好的出版企业离不开一批高素质的稳定作者,同样出版企业也培育和成就了作者[5]。出版企业要生存发展必须要重视读者的需求,增强对读者的服务意识,培养与读者的良好关系[6]。出版企业与中盘的关系在传统出版商业模式中是最为重要的关系,出版企业的图书销售渠道主要是通过合作中盘完成的,有些出版企业采用自办发行与新华书店、民营书商的专业发行相结合的模式。

5. 收入来源

在传统图书出版商业模式中,收入来源要素描绘了出版企业从图书销售中所取得的现金收入。出版企业在为读者和其他企业创造价值的同时自己也取得收入。出版企业收入的主要来源是图书的销售,收入的形式可归纳为两种:降低成本和增加收入。前者是指出版企业促进了业务流程改善和运营效率提升,如信息沟通效率和资产利用率的提升、业务流程优化等;后者是指出版企业出版了市场流行的图书,使出版企业的收益倍增。

6.关键资源

在传统图书出版商业模式中,出版企业的关键资源是出版企业所拥有的版权和稳定的有才华的作者群。出版企业的另外一个重要资源就是书号资源。出版企业的版权资源是最为重要的资源,是出版企业收入的重要来源。作者资源是出版企业再生产不可或缺的资源,没有作者就没有书稿,出版企业就无法进行再生产,因此稳定的作者资源是出版企业的生命。书号是出版社才具有的资源,因此它也是出版企业重要的资源。

7.关键活动

在传统图书出版商业模式中,关键活动要素描绘了出版企业商业模式有效运作所必需的重要活动。与关键资源一样,它们也是创造、传递和获取价值的基础。选题策划、发现作者、图书编辑、封面设计、图书发行等一系列工作都是保证出版企业传统商业模式有效运作的关键活动。

8.关键伙伴

在传统图书出版商业模式中,关键伙伴要素描绘了出版企业商业模式有效运作所必需的其他相关主体。这些相关主体主要包括作者和合作中盘。作者是出版企业商业模式运行的源头,而合作中盘则是商业模式运行中最为重要的上下游节点,是创造、传递和获取价值的关键环节,可以有效降低出版企业的风险和不确定性,使出版企业获取所需的资源和能力。出版企业沿着供应链协同所有主要的供应商、合作中盘和作者的活动,是出版企业获取图书商业价值必须要做的事情。

9.成本结构

在传统图书出版商业模式中,成本结构要素描绘了出版企业保证商业模式有效运作所必需的成本及构成。出版企业凭借图书销售创造价值,获得收入,同时引发成本支出。传统图书出版商业模式有效运作所必需的成本支出,主要包括资源成本和出版企业运营成本。资源成本主要是指采购和获取书稿所必需的支出,包括作者版税、编辑费用、印刷费用等;运营成本主要是指维护出版企业运行所必需的支出,包括管理费用、员工工资、营销费用等。

在传统图书出版商业模式中,关键资源、关键活动和关键伙伴分别是指保证传统商业模式运行所需的最重要的资产、重要活动与合作中盘,以尽可能小的成本获取更多的利润;目标客户是出版企业接触和服务的个人和组织;价值主张是指出版企业为读者创造有价值的图书和服务;渠道通路是指出版企业连接读者且传递价值的通路;客户关系是指出版企业和读者、作者、合作中盘建立的社会关系。在传统图书出版商业模式中,目标客户、价值主张、渠道通路和客户关系是成本和收益的桥梁。商业模式画布模型帮助我们很好地描述和定义了传统图书出版商业模式,厘清了传统出版企业创造价值、传递价值和获取价值的逻辑。出版企业在升级或者创新商业模式时,需要考虑与这些构成要素相关联的所有事务。随着电子商务的兴起,出版企业的商业模式悄然发生着变化,下面我们就有电商参与的图书出版商业模式构成要素做进一步的研究。

(二)有电商参与的图书出版商业模式构成要素分析

随着电子商务的快速发展,基于图书这种商品的自身特点,图书销售成为电子商务最先进入的领域之一。特别是近几年物流技术的日新月异、物流业的迅猛发展和移动智能终端的普及,电商对传统图书渠道的冲击巨大,改变了图书销售的市场生态,并且这种状况是不可逆的。电子商务改变了出版物传统的销售模式,简化了销售渠道,已经成为图书销售的重要渠道(图5.2),而这也使出版企业面临新的挑战和机遇。

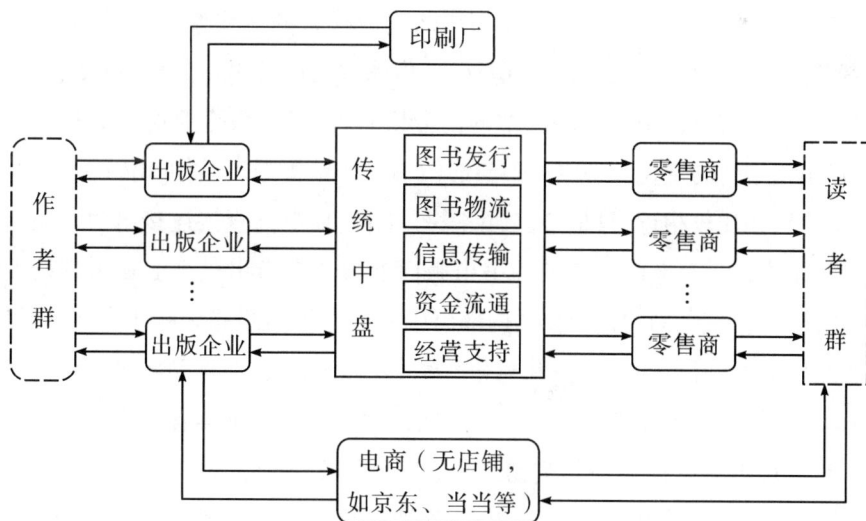

图5.2　有电商参与的图书出版商业模式示意图

电子商务在很大程度上改变了图书消费者的购买习惯。以卖场展销和体验式消费为主的图书批销模式,正在被网上购书"重价格、轻体验"的购买习惯所替代[7]。电商对传统图书批销模式的冲击巨大,大批零售书店关门歇业,同时传统图书中盘被动退化为大的图书销售商,弱化了图书信息整合、传递功能、物流功能和金融服务功能。如果没有体制保护,传统图书中盘会被电商所取代,目前任何一个传统图书中盘的销售额都比不上京东、当当等大型电商[8]。电子商务在图书市场的成功运作也改变了出版企业的图书销售渠道,除了传统销售渠道,出版企业还可以通过大型电子商务服务商提供的电子商务平台销售图书。与此同时,电商也给出版企业带来经营压力,主要压力来源是图书生产也呈多元化的趋势。过去作者出版图书的渠道较窄,一般只能与出版企业合作,将作品交给出版企业。现在图书中介机构繁荣,一些优质作者成为争夺的重要资源,出版企业被迫提高版税,增加了成本。电商在很大程度上促进了图书市场的繁荣,一方面促进作者群的扩大,作者更容易找到出版作品的机构,甚至可以得到第三方资助出版;另一方面,电商使图书易购性提高,读者更容易购得图书。电商的出现大大促进了第三方物流业的发展,而第三方物流的蓬勃发展反过来又促进了图书市场的繁荣,同时进一步弱化了传统图书中盘的功能。

下面我们着重研究有电商参与的图书出版商业模式的构成要素,我们仍然使用商业模式画布模型来讨论有电商参与的图书出版商业模式的构成要素。之所以要在统一的模型下研究不同图书出版商业模式的构成要素,目的就是要研究清楚它们之间的主要区别和共同点。有电商参与的图书出版商业模式是指电商出现以后图书出版企业被动采纳的商业模式,此时出版企业所做的只能是适应市场渠道结构的变化。有电商参与的图书市场销售渠道结构和传统图书市场销售渠道结构比较相近,只是渠道通路多了电商,而电商直接连接出版企业和读者,越过了中盘。有电商参与的图书出版商业模式是指出版企业在识别读者或客户价值的前提下,构建差异化的内部出版业务流程和外部交易结构,以获得出版企业持续发展所需的收益流和竞争优势,并体现出版企业文化和经济价值的商业运行逻辑[9]。但是有电商参与的出版商业模式中识别读者和客户价值发生了变化,内部出版流程和外部交易结构,以及出版企业的竞争优势均发生了变化。有电商参与的图书商业模式在目标客户、价值主张、渠道通路、客户关系、收入来源、关键资源、关键活动、关键伙伴和成本结构等方面均有所变化。虽然图书产业链只多了电商这个线上销售渠道,商业模式画布模型中的要素内容也只是些微变化,但是这对图书市场的冲击巨大。对出版企业而言,有电商参与的商业模式不仅多了一条图书销售渠道,而且影响到出版企业的经营策略和销售策略,出版企业不得不被动应对来自互联网的冲击。下面我们依然从这九个方面来分析有电商参与的图书出版商业模式的构成要素和它们之间的关系,如表5.2所示。

表5.2　有电商参与的图书出版商业模式构成要素

关键伙伴	关键活动	价值主张	客户关系	目标客户
1.传统图书中盘 2.电商和电商平台提供商 3.作者 4.印刷商	1.选题策划 2.图书编辑 3.图书发行 4.发现作者 5.在电商平台销售图书 **关键资源** 1.出版企业拥有的版权 2.作者资源 3.电子图书资源 4.书号资源	1.为读者提供阅读内容获得精神享受 2.社会价值,例如传播知识	1.出版企业与作者 2.出版企业与读者 3.出版企业与合作中盘 4.出版企业与电商 **渠道通路** 1.通过合作中盘销售图书 2.通过电商销售图书	印刷商、合作中盘、图书馆、重要读者、作者、电商平台提供商
成本结构		**收入来源**		
作者版税、管理费用、员工工资、印制费用、营销费用(广告投入)、图书退货损失		图书产品的销售及衍生服务		

1.目标客户

从上文我们知道,目标客户描绘了与出版企业图书生产销售相关的出版企业以外的不同人群或组织,回答了出版企业为谁创造价值,以及由谁来获取图书的价值等问题,包括货币收入和社会价值。在有电商参与的图书出版商业模式中,读者、作者、印刷商、合作中盘依然是出版企业重要的客户,但是这些客户在一定程度上已经发生了变化。在有电商参与的出版商业模式中,电商同时是出版企业的重要客户。正是由于电商的冲击,出版业的客户端发生了些微变化。例如读者可以购买并阅读电子图书资源,同样可以从电子书中获取使用价值;便捷的网上交易和物流使得读者可以以更快的方式获得纸版图书。作者可以获得版税及大幅提升的声誉度。电商也推动了作者群体的扩大,挤压了出版企业原有作者群的读者空间。随着图书市场规模的扩大,印刷商通过印刷业务获得更多的收益。合作中盘通过销售图书获得收益,但是由于电商的存在,很多出版企业通过电商平台销售图书,传统图书中盘已经退化为一个大的图书经销商。

2. 价值主张

在有电商参与的图书出版商业模式中,价值主张同样描绘了读者阅读图书产生的社会价值、宣传价值、舆论价值,主要体现在传播知识和舆论导向,这一点在两种商业模式下并没有发生变化。

3. 渠道通路

在有电商参与的图书出版商业模式中,渠道通路的定义类型不变,描绘了图书传递价值的通路。它包括两种类型:直接渠道和间接渠道。电商是直接渠道经营主体,读者通过网络平台购书,电商通过发达的物流直接将图书投送到读者手中,规模巨大。间接渠道是指图书销售经过传统图书中盘,这种模式逐渐被电商的直销模式所取代,但是由于传统图书中盘的影响力巨大,并且是出版企业的传统合作者,通过传统图书中盘销售图书也是出版企业的主要渠道之一。出版企业通过电商渠道销售图书有两种方式:一种是出版企业在电商平台直接经营图书,一种是将图书交给在电商平台开店的经营者。在有电商参与的图书出版商业模式中,电商俨然已经成为一个大型图书中盘,在信息(包括营销数据、读者信息)、资金、物流等方面已经发挥作用,逐渐成为传统图书中盘的替代者。

4. 客户关系

在有电商参与的图书出版商业模式中,客户关系也描绘了出版企业为图书的生产和销售而建立的主要关系。出版企业主要目标客户包括在电商平台上的图书经销商和电商平台、合作中盘、重要读者、作者,因此客户关系新增了出版企业与电商平台的关系、出版企业与电商平台的图书经销商的关系,除此之外出版企业与作者的关系、出版企业与读者的关系、出版企业与合作中盘的关系、出版企业与印刷商的关系等与传统图书出版商业模式一致。在这里我们重点讨论出版企业与电商平台的关系、出版企业与电商平台的图书经销商的关系。

由于电商的各方面优势改变了出版市场的生态环境,出版企业应该接受电商提供的服务,适应电商在图书市场的强大力量。这种力量不是电商本身所具有的,而是因为其购物的便捷性受到消费者青睐,越来越多的消费者在网上购买图书,甚至已经形成习惯。在这种情况下,出版企业作为图书市场的必要参与者只能适应这种市场生态的变化,积极主动参与电商营销活动,否则就会失去很多的市场份额。因此,出版企业对强大电商的依附关系逐渐形成,对于电商平台,不是出版企业喜欢不喜欢的问题,而是只要读者喜欢,出版企业就只能依附于电商,或者组建自己的平台。大型出版企业有资金和实力组建自己的电商平台,而中小型出版企业没有资源组建自己的电商平台,只能依附于大型电商平台,要么在电商平台上开店,要么将图书批发给电商平台的图书经营者。即便是出版企业建立了自己的网购线上平台,由于消费者已经习惯在当当、京东等平台购物,出版企业也不能完全摆脱对大型电商的依附关系。

中小型出版企业在网上销售图书主要有两种方式,一种是自己在电商平台上直销图书,一种是将图书批发给电商平台的图书经销商。后者是主要模式,因为一般情况下出版企业自己在电商平台直销图书的成本会远高于其他电商平台的图书经销商的成本,网上图书经销商就变成了线上零售书店。因此,出版企业不得不直接与这些电商平台的图书经销商博弈,博弈的结果是图书折扣价格基本跟随大型电商的议价结果。

5. 收入来源

在有电商参与的图书出版商业模式中,收入来源也是描绘出版企业从图书销售中所取得的现金收入。出版企业在为读者和其他客户创造价值的同时本身也获得收入,但是在有电商参与的图书出版商业模式中,出版企业的利润受到双重挤压。一方面是作者受利益的驱动而流失,出版企业为了保住优秀作者的版权不得不提高版税,从而使自己的利润受损;另一方面,来自电商的强大议价压力使出版企业不得不以较低的价格在电商平台出售图书,利润因此进一步受损。再加上现在读者的快餐式消费,图书单品很难形成流行趋势,每个单品的利润都很低。因此,电商的出现对出版企业造成的财务压力非常大,出版企业作为图书市场的参与者,要想生存必须寻找自己独特的商业模式和盈利模式,这是每个出版企业要思考的问题。

6. 关键资源

在有电商参与的图书出版商业模式中,出版企业的关键资源依然是出版企业所拥有的版权和稳定的有才华的作者资源,另外再加上电子图书资源和书号资源。电子图书资源是出版企业在有电商参与的图书出版商业模式中的重要资源,这是因为电子图书的销售成本和边际成本为零。另外,电子图书具有一定的广告效应,一些读者看了电子书之后还会购买纸版图书,这种电子书一般应该是出版企业的精品。书号资源的稀缺性和出版企业的独占性使得书号成为出版企业在有电商参与的图书出版商业模式下的一个最为重要的资源。

7. 关键活动

在有电商参与的图书出版商业模式中,关键活动描绘了出版企业有效运作所必需的重要活动,与关键资源一样,它们也是创造、传递和获取价值的基础。为了保证出版企业在有电商参与的商业模式中有效运行,选题策划、发现作者、图书编辑、封面设计、图书发行一系列的工作当然是必要的关键活动。但是由于电商的冲击,出版企业策划选题难,出版畅销书更难,出版企业需要投入更多的精力在选题策划上。

8. 关键伙伴

在有电商参与的图书出版商业模式中,关键伙伴描绘了出版企业有效运作所必需的其他相关主体。有电商参与的情况下,关键伙伴除了作者、合作中盘、印刷商外,最关键的伙伴就是电商。前面讨论过出版企业相对大型电商而言是依附关系,将电商列为关键伙伴比较尴尬。不把电商列为关键伙伴,电商对出版企业的经营又至关重要,出版企业的主要收入大多是通过电商这个新的中盘获得的;把电商作为重要伙伴,中小型出版企业又没有与大型电商平等的商业地位,议价能力不对等,出版企业很难拿到较多利润。面对这种情况,出版企业必须创新商业模式和盈利途径,努力摆脱依附大型电商这种窘况。能否把中小型电商作为关键伙伴呢? 不可以。因为消费者现在购书主要在大型电商平台,中小型电商营业规模太小,顾客浏览量太低,图书销量上不去。

9. 成本结构

在有电商参与的图书出版商业模式中,成本结构描绘了出版企业保证有电商参与的图书出版商业模式有效运作所必需的重要成本支出。出版企业凭借图书销售创造价值、产生收入将会引发成本支出,这一基本结论依然成立。我们把有电商参与的图书出版商业模式运作所必需的成本支出也分为出版企业资源成本和运营成本。有电商参与的情况下,出版企业的资源成本是采购和获取书稿到成书所必需的支出,包括作者版税、编辑费用、印制费用等,费用比以前更高;

出版企业的运营成本主要是管理费用、员工工资、营销费用等,这些费用都有变化。特别是营销费用变化比较大,除了传统合作中盘的营销开支外,电商平台的网上营销开支也很大。

电商已经是大多出版企业的关键资源和关键伙伴,电商平台的营销活动已经成为出版企业的关键活动,电商已经成为出版企业最为重要的客户之一。出版企业的价值主张不变,仍然是为读者生产有价值的图书,提供优质的服务,其隐形价值是社会价值,例如传播文化知识。电商已经成为出版企业连接读者且传递价值的重要通路,与传统图书中盘并驾齐驱,甚至业务规模超过了传统图书中盘。同时电商是出版企业最为重要的客户关系,密切程度或许已经超过了与传统图书中盘的关系。在有电商参与的图书出版商业模式中,出版企业的目标客户、价值主张、渠道通路和客户关系在成本和收益之间架起了桥梁。

我们同样用商业模式画布描述有电商参与的图书出版商业模式,电商已经成为出版企业创造价值、传递价值、获取价值重要的路径节点。出版企业对大型电商在图书营销上的依赖,必然降低出版企业的议价能力和谈判能力。出版企业要想摆脱这种窘境须借用大数据技术在商业模式上创新升级,在以图书生产营销盈利模式的基础上,发展多途径盈利方式,增强出版企业的抗风险能力和盈利能力。

二、基于大数据的图书出版商业模式构成要素变迁

在这一部分我们将对图书出版业的传统的、有电商参与的和基于大数据社会网的三种图书出版商业模式构成要素变迁加以分析。在第四章我们讨论了大数据对出版企业各个环节的深刻影响,出版企业为了适应大数据及其他技术的快速发展,必须完善或升级现有的商业模式,甚至从根本上造就一个全新的商业模式,我们的研究依然是从出版企业的视角出发。基于大数据的图书商业模式的核心是以数据为中心展开一系列商业活动,经营决策建立在数据基础上,经营的对象已经从图书转向数据,图书只是经营的手段而不是目的,目的是提高出版企业的社会影响力,或者说基于大数据的图书商业模式的本质是保证和提高出版企业的正向社会影响力。社会影响力就是某个事件发生后事件主体的正面(正向)或负面(逆向)影响在社会网络上传播的广度和深度,包括对事件主体和其他实体的影响。

大数据图书出版商业模式的关键是把与出版企业广泛关联的数据及分析结

果进行评估、管理、经营,将其作为出版企业的核心业务。大数据商业模式要求出版企业不再只是依赖市场信息被动地适应市场,而是转向应用大数据对市场的预先评估做出实时反应,发现全新的商业机会。

前面讨论了彭特兰的社会物理学对出版企业经营管理的积极作用,特别是社会影响力对企业的作用。在大数据时代,一个事件的发生会迅速传开,企业的正向社会影响力在大数据的推动下,可以更快地让更多的消费者了解企业。社会影响力变大的过程是渐进式的,是出版企业正面影响堆积的结果,而一个负面事件将损坏企业的形象,甚至可能会迅速毁掉一个企业。因此概括地说,出版企业基于大数据的商业模式的核心是社会影响力的营销,出版企业作为社会网络的一个节点,其社会影响以网络为媒介。大数据可以帮助出版企业扩大其正向影响力,发现市场机会与好的经营策略,甚至是出版企业独特的经营模式。

前面我们利用商业模式画布分别讨论了传统和有电商参与的图书出版商业模式的九个要素:目标客户、价值主张、渠道通路、客户关系、收入来源、关键资源、关键活动、关键伙伴和成本结构,详见表5.3。在该表中我们还列出了大数据社会网图书出版商业模式的九个要素,列示这些要素的变迁,便于我们比较研究。社会网商业模式我们将在下一章详细讨论。

表5.3　不同商业模式的构成要素

商业模式要素	商业模式		
	传统图书出版商业模式	有电商参与的图书出版商业模式	大数据社会网图书出版商业模式
关键伙伴	1. 传统图书中盘 2. 作者	1. 传统图书中盘 2. 电商和电商平台提供商 3. 作者 4. 印刷商	1. 社会网商业模式的数据平台服务商、数据解析服务商、基础软件提供商 2. 智慧图书中盘 3. 印刷商
关键活动	1. 选题策划 2. 图书编辑 3. 封面设计 4. 发现作者	1. 选题策划 2. 图书编辑 3. 图书发行 4. 发现作者 5. 在电商平台销售图书	1. 设计智能电子标签或者手机APP,然后发布、跟踪、测量 2. 收集数据、整理数据、挖掘数据 3. 开发企业的社会影响力,解决企业问题、开拓市场 4. 内容生产及其衍生产品

续表

商业模式要素	商业模式		
	传统图书出版商业模式	有电商参与的图书出版商业模式	大数据社会网图书出版商业模式
关键资源	1. 出版企业拥有的版权 2. 作者资源	1. 出版企业拥有的版权 2. 作者资源 3. 电子图书资源 4. 书号资源	1. 与出版企业相关的大数据、社会网络、社会影响 2. 出版企业拥有的数字内容、版权 3. 作者
价值主张	1. 为读者提供阅读内容 2. 社会价值,例如传播知识	1. 为读者提供阅读内容获得精神享受 2. 社会价值,例如传播知识	1. 正向社会影响是企业创造价值的源泉 2. 发现和利用数据形成的洞察力
客户关系	1. 出版企业与作者 2. 出版企业与读者 3. 出版企业与合作中盘及其他	1. 出版企业与作者 2. 出版企业与读者 3. 出版企业与合作中盘 4. 出版企业与电商	出版企业与作者、读者、特殊客户建立的社会关系,包括直接服务关系和合作创造
目标客户	印刷商、合作中盘、作者、重要读者、图书馆	印刷商、合作中盘、图书馆、重要读者、作者、电商平台提供商	出版企业接触和服务的个人和组织,包括社会网络中的个人和组织(如作者、读者、图书馆)
渠道通路	通过合作中盘销售图书	1. 通过合作中盘销售图书 2. 通过电商销售图书	以出版企业为核心节点的社会网络
成本结构	作者版税、管理费用、员工工资、印刷费用、营销费用、图书退货损失	作者版税、管理费用、员工工资、印制费用、营销费用(广告投入)、图书退货损失	支撑社会网络的大数据基础平台成本、开发出版企业社会影响资源的大数据技术成本、出版企业运营成本
收入来源	图书产品的销售及衍生服务	图书产品的销售及衍生服务	内容产品的销售、数据的价值、正向社会影响给企业带来的增量收入

前面我们谈到,市场实现交换的动力源泉是社会影响力[10],而出版企业的渠道通路、客户关系、收入来源、关键活动、关键伙伴离不开社会网络。目标客户就是社会网络中与其关联的直接或者间接节点;关键资源就是网络时时刻刻所产生的交换数据(大数据);价值主张就是这些数据资源所产生的价值和衍生价值。我们把这种基于社会影响力的商业模式称为社会网商业模式。

1. 目标客户

传统图书出版商业模式目标客户主要是印刷商、合作中盘、作者等,有电商参与的图书出版商业模式里除了传统目标客户外,还增加了一个重要的客户——电商。电商对出版企业的作用是不言而喻的,它是一个重要的图书销售平台。虽然出版企业不得不接受电商,但是电商和出版企业之间的关系并没有那么热烈,只是消费者将二者拉到了一起,而不是因为业务主动联姻。大数据社会网图书出版商业模式的目标客户是与出版企业接触和服务的个人和组织,包括社会网络中的个人和组织,如电商、作者、读者、零售书店等。社会网图书出版商业模式的经营目标是借助大数据在社交网上提升出版企业的社会影响力,并利用社会影响力获得利润。因此,社会网商业模式的目标客户没有那么具体,而是社会网上的节点,这些节点可以是读者或读者群、电商、作者等,而读者和作者的区别也变得模糊。社会网商业模式更重视整个网络的优化,大数据可以帮助出版企业发现哪些节点是重要节点,即目标客户。重要的节点在社交网络的影响力非常大,经营得好有利于提高出版企业的正向社会影响力,当然重要节点不是一成不变的,也不是一蹴而就的。

2. 价值主张

我们认为在大数据环境下,图书出版商业模式的价值主张是其正向社会影响力,这是出版企业创造价值的源泉,发现和利用数据所形成的洞察力是创造价值的手段。出版企业的正向社会影响力是指符合人们伦理道德,能够给社会带来正能量,符合社会主义核心价值观的内容产品及其衍生产品在社会网上的传播和对人们心智的作用。持久不断地、认真负责地提供好的内容产品是出版企业社会影响力形成的重要方式,另外对读者和用户提供好的服务也是出版企业社会影响力持续上升的重要途径。社会影响力越好、越大,出版企业的价值就越大,经济效益就会越好。而在传统图书出版商业模式和有电商参与的图书出版商业模式里,其价值主张是以销售图书为核心,为读者提供可阅读的内容产品及图书的附带社会价值，而不是经营出版企业的社会影响力，这是价值主张在大数据社会网商业模式中的变化。

3. 渠道通路

传统图书出版商业模式渠道通路主要是通过与出版企业合作的中盘销售图书。有电商参与的图书出版商业模式里图书销售的渠道通路除了图书中盘以外，还通过电商平台进行线上销售。而基于大数据的社会网图书出版商业模式中的渠道通路是以出版企业为核心节点的社会网络，读者能迅速了解优质图书商品，并通过智慧图书中盘订购，智慧印刷中心会根据订单所在地理位置分配印刷任务到印刷及装帧企业，自动印制完成后，物流公司会取走图书并送到读者手中。大数据环境下的书店完全不同于传统的书店，其主要业务不再是图书销售，而是读者体验、互动的地方，是人们进行线下交流休闲的地方，他们彼此沟通，为下一本好书的出现提供素材和思想。

4. 客户关系

传统图书出版商业模式的客户关系主要包括出版企业与读者的关系、出版企业与作者的关系、出版企业与合作中盘的关系、出版企业与印刷厂的关系等。出版企业更注重与作者的关系，因为作者是内容的创作者和拥有者，优质作品可以为出版企业带来社会效益和经济效益。在有电商参与的图书出版商业模式里，出版企业的客户关系除了以上的关系外，还增加了出版企业与电商的关系。电商目前是图书销售的重要渠道，拥有很多市场信息，而读者的消费习惯决定了出版企业必须将电商作为其重要的客户并与之处理好各种关系。基于大数据的社会网图书出版商业模式中的客户关系是出版企业与作者、读者、特殊客户建立的社会关系，包括直接服务关系和合作创造等。而电商是社会网的一个重要节点，地位与一个重要读者群一样，并无特殊性。在大数据社会网图书出版商业模式中，出版企业与读者的关系变得越来越重要，读者往往成为高品位优质图书销量的重要推手，并使之成为畅销书，而电商仅仅是运送者而已。在大数据社会网图书出版商业模式中，出版企业与作者的关系大有变化，出版企业除了仰仗传统作者外，还可以通过社交网络发现新的有潜力的作者，甚至通过一个精致读者群加上人工智能就可以完成一部作品。

5. 收入来源

在传统图书出版商业模式和有电商参与的图书出版商业模式里，出版企业的收入来源主要是图书的销售。而大数据社会网图书出版商业模式的收入来源除了图书的销售收入以外,还有数据的价值、正向社会影响力给企业带来的增量收入。大数据社会网图书出版商业模式给出版企业带来收益的多少取决于出版企业对大数据的投入和使用质量。正向社会影响力会给出版企业带来超额收益,因为出版企业的影响越大,消费者就越信赖其产品和服务。

6. 关键资源

在传统图书出版商业模式和有电商参与的图书出版商业模式里,其关键资源是出版企业拥有的版权、作者资源、电子图书资源、书号资源等。版权资源及其数字化后的图书资源是出版企业最为重要的资源,是出版企业长期积累所形成的固定资产。在传统图书出版商业模式中,这些版权资源多数是沉淀资产,基本不会再给出版企业带来收益。在有电商参与的图书出版商业模式里,这些版权被数字化后,可能会被再次出售,从而为出版企业带来新收益,但是这种收益不是很大。作者资源是出版企业另外一个重要的资源[11],但是出版企业对作者资源没有所有权,因此没有支配权,只是知道这个作者是某个领域的专家或者擅长写哪方面的图书是不够的。书号资源是出版企业的一个体制性资源,具有一定的垄断性。这些资源在以上两个商业模式里几乎都是沉淀资源,对提升出版企业的社会影响力作用不大。而大数据社会网图书出版商业模式的关键资源除以上资源外,还有一个重要的资源就是与出版企业关联的内外数据资源,即使这些数据资源存储在其他大数据服务公司(例如智慧图书中盘),其所有权也属于出版企业。出版企业利用这些数据资源不仅可以盘活以前的沉淀资源,而且通过数据挖掘技术分析来自企业外的市场数据(包括消费者的数据)和企业内的数据资源,从而发现新的市场机会、市场趋势、读者喜欢的内容,甚至还可以发现有潜力的作者和好的决策等。大数据技术可以开发出版企业的资源潜力,通过社会网快速提升其社会影响力,进而增加和提升出版企业的外在社会价值和内在效益。

7. 关键活动

大数据社会网图书出版商业模式的关键活动是收集数据、整理数据、挖掘数据、开发企业的社会影响力、开拓市场,也包括拓展内容生产及其衍生产品。如果收集、整理、开发数据等由智慧图书中盘完成,那么出版企业的关键活动就是如何利用数据开发出最好的图书产品,发现更好的商业机会,作出更好的决策,整体目标是提高出版企业的社会影响力,实现双重效益(社会效益和经济效益)。而在传统图书出版商业模式和有电商参与的图书出版商业模式里,其关键活动是选题策划、编辑、发行、发现作者,在电商平台销售图书,在这些商业活动中出版企业只是生产或销售图书。对于什么是最好的图书、如何出版最受读者欢迎的书,以及商业机会在哪儿、如何决策等图书商业活动,很多出版企业多半是凭着经验或者领导的喜好去完成的,即便是集体选题会,参与的人员也基本如此。而大数据社会网图书出版商业模式的关键活动对提高出版企业社会影响力作用较大,同时可以大幅度提高出版企业的经济效益。

8. 关键伙伴

在大数据社会网图书出版商业模式里,出版企业的关键伙伴是数据平台服务商、数据分析服务商、软件供应商、物流服务商、印刷商等,或者将这些服务整合为一体的智慧图书中盘(这在后面详细讨论)。出版企业主要利用大数据来辅助企业决策、预测图书流行趋势和主流热点、发现优质作者、寻找商业机会、提供优质图书产品等,最终目的是利用大数据提高和扩大出版企业的社会影响力,从而进一步提高出版企业的社会价值和经济价值。而传统图书出版商业模式和有电商参与的图书出版商业模式中的关键伙伴是传统图书中盘,或电商和电商平台提供商、作者、印刷商,这些商业关键伙伴只是帮助出版企业生产和销售图书,只是渠道的一个节点而已,虽然也对出版企业的社会影响力有帮助,但相对于大数据的作用就显得势单力薄了。

9. 成本结构

在传统图书出版商业模式和有电商参与的图书出版商业模式里,出版企业的成本结构主要是出版企业的运营成本,包括作者版税、管理费用、员工工资、印刷费用、营销费用、图书退货损失等成本。而大数据社会网图书出版商业模式的成本除了出版企业的运营成本外,还有支撑测量社会网络的大数据基础平台成本和开发出版企业社会影响资源的大数据技术成本。由于大数据技术的应用,出版企业的运营成本会大幅降低,例如,图书生产可以依据订单印制,实现零库存,图书的退货损失几乎为零。

三、图书出版商业模式要素变迁的原因

图书出版商业模式要素变迁的主要原因是市场环境发生了变化。市场环境主要包括政治、法律、经济、技术、社会文化和市场竞争等几个方面。图书市场环境包

括影响图书生产和销售的一系列外部因素,这些因素与出版企业的市场营销活动密切相关。在这里我们主要讨论经济变量、社会文化、技术进步和市场竞争四个方面。

(一)经济变量

图书市场的经济变量是指出版业面临的社会经济条件及其运行状况、发展趋势、交通运输、资源等情况。经济变量是制约出版企业生存和发展的重要因素。改革开放后,我国经济总量增长迅猛,人民生活水平得到极大提高,人们对图书的消费也不断增长。电商和第三方物流的快速发展,方便了线上交易,刺激了图书的消费,现在图书交易主要发生在线上。人们并不会因为线上购书没有书店的体验而降低对图书的消费欲望,图书的网络精准广告,特别是社交网络朋友间的推介还推动了人们对图书的消费。可支配收入的增加、互联网的发展促使消费者的消费行为、数量、频率发生了变化,读者对图书的需求也发生了很大的变化。

(二)社会文化

社会文化是一个复杂的整体概念,通常包括价值观念、信仰、兴趣、行为方式、社会群体及相互关系、生活习惯、文化传统和社会风俗等,它决定着人们独特的生活方式和行为规范。改革开放四十余年后的今天,人们的社会文化悄然发生着变化,吃住问题解决了,对精神文化的需要比以往更强烈,而且特别强调个性化和多变性、多重性的快餐文化需求。这些变化也体现在图书消费方面,现在人们购书基本上是依据自己的即时阅读兴趣,对书的价格考虑则是一个相对次要的问题。

(三)技术进步

人工智能辅助出版、大数据出版、印刷技术的发展和进步,使图书的生产周期迅速缩短,图书生产也越来越多地依赖科技创新,图书的数量、质量、品种和规格有了新的飞跃。随着大数据技术、云计算、机器学习、人工智能、区块链等技术的发展,新兴产业出现,这给出版企业带来新的市场机会和挑战。出版企业利用大数据技术经营,可以使选题更好、决策更准、经营更加精细、市场预测更加准确。人工智能辅助出版可以帮助出版企业更好地策划选题,编辑更快、更好地工作。印刷技术的进步让图书印刷、装订完全自动化,实现按需印刷和实时印刷。

(四)市场竞争

任何企业在市场上销售产品都面临着竞争。出版企业也一样,在图书市场面临着来自各个方面的竞争压力,竞争者包括已有的竞争者和潜在的竞争者。图书市场的竞争非常激烈,从作者到零售店整条图书产业链都充满着竞争,有民营图书公司参与的畅销书市场的竞争更加激烈(图5.3)。例如从产业链的收入构成来看,每100元的图书码洋,民营图书公司参与的策划、发行、分销环节可以分配总计约30元码洋;出版企业的出版和委托印刷环节通常可以分配到30元码洋;剩余的零售环节和其他费用共计40元码洋。图书市场竞争也遵循"二八"原则,畅销书是出版企业、民营图书公司主要的利润来源,也是中国图书零售市场发展的中坚力量。产业信息网数据显示,2017年,销量排名前5%的图书品种为市场贡献了64.43%的销售码洋,这种现象在线上销售渠道中表现得更为明显。另外线上线下竞争也非常激烈,电商代表着线上交易,零售店代表着线下交易。随着电商的发展壮大和消费者消费习惯的转变,图书线上交易额已经超过线下零售书店。民营图书公司依靠灵活经营和敏锐的市场洞察力实力大增,现在国内出版市场竞争格局是:出版企业掌控书号,民营图书公司地位显著提高。

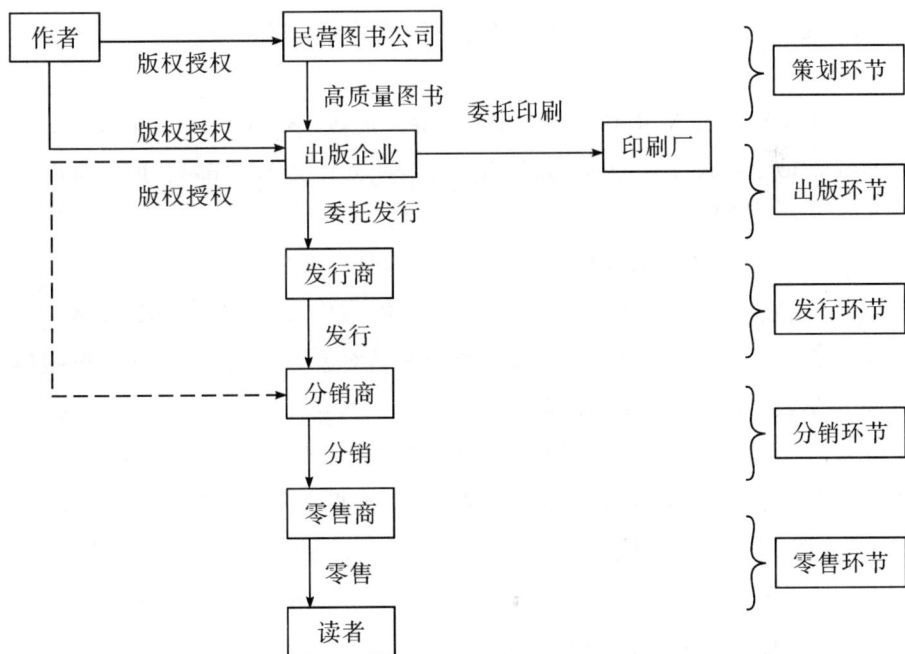

图5.3 有民营图书公司参与的图书出版产业链[9]

因此出版企业应该重视大数据,利用大数据技术调查市场环境,认识市场状况和市场竞争强度,根据自身的优势,优化或升级出版企业的商业模式,制定正确的竞争策略。出版企业通过竞争环境调查,了解竞争对手情况,取长补短,与竞争者在图书目标市场选择、图书产品档次、图书价格、服务策略上有所差别,与竞争对手形成互补经营结构,这是出版企业经营的战术层面。经济环境、社会文化、技术进步和市场竞争等市场因素的改变,是图书出版商业模式要素变迁的重要原因,出版企业要采用新的商业模式以应对市场环境的变化。大数据有利于出版企业经营其社会网,可以帮助出版企业发现社会网中的重要节点、潜在作者,正确预测市场趋势,作出正确决策,提升社会影响力。出版企业的长远战略选择是应用大数据战略,通过经营社会网不断提高其正向社会影响力。正向社会影响力和持久地提供好的产品可以为企业带来源源不断的利润,同时会进一步提升企业的社会影响力,这才是企业经营的长久大计。

参考文献

[1]原磊.国外商业模式理论研究评介[J].外国经济与管理,2007(10):17-25.

[2]魏炜,朱武祥.发现商业模式[M].北京:机械工业出版社,2009.

[3]胡宝亮.基于画布模型的物联网商业模式构成要素研究[J].技术经济,2015,34(2):44-49.

[4]OSTERWALDER A, PIGNEUR Y. Business model generation: a hand book for visionaries, game changers, and challengers[M]. New Jersey: John Wiley & Sons, Inc., 2010.

[5]张小萍,朱新美.对出版社与作者关系的再认识[J].编辑学刊,1994(2):69-72.

[6]陈亮.出版社如何为读者服务[J].学报编辑论丛,2005(13):302-304.

[7]尹杰,荣翠红.电商对图书批销业的影响及其对策[J].武汉理工大学学报(社会科学版),2016,29(4):594-598.

[8]卞海峰.图书电商的新旧商业模式探索[J].青年文学家,2015(31):32-33.

[9]王秋林.论出版商业模式的持续性创新[J].编辑之友,2009(8):33-35.

[10]弗雷茨,柏雯,曹子郁,等.大数据出版[J].出版科学,2017,25(1):5-17.

[11]刘红,张冠勇,李金山,等.图书供应链管理模式的构建与应用[M].北京:北京邮电大学出版社,2014.

第六章

大数据图书出版商业模式——社会网商业模式

在网络时代,人们每天的生活大都离不开网络,购物、娱乐、聊天、工作等活动在手机或电脑终端通过网络就可完成。同时,人们生活的数据也会在网络上留下痕迹并被智能终端设备捕捉并记录在服务器里。另外物联网将智能终端和人也连接起来,所产生的数据会被服务器保存下来。人们的这些行为数据是大数据系统要分析的对象,当然大数据系统分析的数据要比这广泛得多。事实上,不管人们愿意还是不愿意,人们的生活都已经被编织在网络中。网络使人们的交流不再受时空的限制,给人们的生活带来极大方便,也给企业的发展带来新的机会。走进大数据时代,人们已经被互联网联系起来。网络不是简单地将人们彼此关联、各种实体相互关联,而是将人们的各种关系都体现在网络数据中。这是一个广泛联络的复杂网络,蕴藏着无穷的商业机会或者说是财富,我们把这个网络称为社会网络。本章我们开始讨论出版企业在大数据背景下以社会网为媒介基础的图书出版商业模式。

本章我们运用彭特兰的社会物理学理论来分析大数据背景下社会影响对出版产业链的核心节点——出版企业的作用。由于社会物理学非常复杂,研究内容广泛,研究方法多样,因此我们需要确定社会物理学的哪些要素、思想和定义与图书出版关联,以此帮助我们建立大数据与图书出版的联系。我们讨论的是社会物理学对出版企业可能的作用,特别强调大数据环境下社会影响的新的含义及其对出版企业的作用。

一、大数据背景下社会影响对出版企业的作用

(一)大数据环境下社会影响的特点

前面我们给出了社会网和社会影响的概念,即社会网是人们在社会中各种

社会关系及其在互联网上延拓的复杂网络;社会影响是某个事件发生后事件主体的正面(正向)或负面(逆向)影响在社会网络上传播的广度和深度,包括对事件主体和其他实体的影响,以及这些影响对事件主体长久的累计效应。在大数据环境下,社会影响具有以下几个特点。

1.事件的真实呈现

大数据可谓"上帝之眼",任何事情的发生都逃不过大数据的慧眼,即使有人想隐瞒事实,大数据也可以帮助人们还原事情的本来面目,将事实公布于天下。大数据让"要想人不知,除非己莫为"更有说服力。

2.传播速度快

有社会影响的事件发生后,它会通过社会网络在极短的时间内广泛传播,人们也会对此做出快速反应,作出评价,采取措施。互联网让信息几乎实现零时空(没有时空限制)传播,加之社会网的广度,信息几乎在瞬间到达人们的终端设备。

3.精准响应

大数据会根据人们上网消费的行为习惯,逐渐为每个人制定一个信息消费套餐,并依据信息的重要性按顺序推荐给他们,当信息达到社会影响的重大级别后还具有提醒功能。大数据派生的精准推送功能,让最关心该类事件的人在第一时间获得信息,并作出响应。

4.正面社会影响有较低的关注度

正面社会影响是指事件对社会具有积极意义的社会影响。如果事件的结果符合人们价值观的基本导向,没有跨越社会的道德底线,符合法律规范,那么事件的社会影响就小。如果事件产生的社会影响是正面的、积极的,这类事件必然符合人们的价值观,对社会发展也有积极意义,当然具有大数据环境下社会影响传播的上述特点。但是正面社会影响的事件受到的关注度较低,表现为传播的范围小、社会响应小、维持热度时间短,原因是有正面影响的事件是事件主体应该做的事情,是正常的事情。如果是反响非常大的正面影响,那么事主会赢得人们的尊敬和信赖,人们对事主的认识也会强化。相反,负面影响事件在社会网的传播速度快、影响范围广、社会反响大,原因是事主做出了跨越人们道德底线的事情,超越了人们通常的认识界线,更容易引起人们的注意。如果是一件反响非常大的负面社会影响事件,不管事主以前多么优秀、高尚都会遭到社会唾弃。例如长生生物假疫苗事件造成非常严重的后果,整个企业退出市场。这正可谓"好事不出门,坏事传千里"。好名声还要好好珍惜、百般呵护,因为它是无形的宝贵财富。

5. 内聚模式

社会网络是一个复杂网络,但物以类聚,人以群分,社会网络中的节点往往也呈现集群特性,总是存在熟人圈或朋友圈,其中成员相互认识,这是一种网络内聚倾向。内聚倾向导致圈内某个事件主体的社会影响具有内聚模式,也就是说其社会影响一般只是对圈内的主体影响较大,对圈外的其他主体影响很小或者没有。虽然大数据使得社会影响传播快、影响广、响应准,但社会影响的内聚模式使得社会影响或者信息传播一般只在圈内传播,圈外的关注度较低。

社会影响对人们的行为会产生不同作用,出版企业的正向社会影响可以帮助人们正确认识出版企业,因此出版企业可以通过自己的社会影响来发掘市场潜力。出版企业社会影响的另外一个重要作用是帮助出版企业建立与读者、作者、客户之间的关系,这些关系越紧密,说明出版企业的社会影响力越大,纽带关系越强。

(二)社会影响促进出版企业的社会学习

我们在第一章已经讨论过社会物理学,建立了社会学习与社会影响之间的关系。社会学习发生在社会网络上,有经验学习和观察学习之分。出版企业学习其他实体的成败经验是重要的学习范式,大数据扩展了出版企业经验学习的范围和途径。大数据可以帮助出版企业更加准确地获得企业在经营中所遇到问题的解决方法,这些办法来自大数据技术对数据的深度挖掘,而数据的来源是社会网络。

由于社会影响具有内聚模式,社会学习容易在企业内部形成闭环,因此社会学习机会需要多样性,而社会学习机会的多样性是出版企业经营管理推陈出新的重要方式。大数据可以帮助企业解决经营中遇到的问题,这是社会学习的一种重要方式,是社会学习机会多样性的重要途径和体现。社会学习可以让新的想法成为出版企业的集体习惯或企业文化。企业经营过程中的社会压力会加速社会学习,通过积极向其他企业学习经营策略,然后再自我实践,发现新的经营之道,这是观察学习的重要方式。社会影响能促进想法或者思想在社会网络中传播,如周围人的言语、行为、示范都会影响我们的行为,这也是思维的重要源泉。在大数据时代,出版企业的社会学习将更具有准确性和目的性,也会使社会压力进一步增大,从而促进企业的社会学习。

(三)出版企业的社会影响与其群体智慧的关系

社会物理学告诉我们,社会影响与群体智慧、分布式智力有关。群体智慧是一种共享的智慧,是一种群体决策的过程,这一过程包含了许多个体相互合作、相互竞争等行为。群体智慧的重要应用是群体决策,帮助出版企业解决所面临的生产经营问题,实现企业的经营目标。群体决策是个体决策涌现的结果,因此出版企业只有放弃依靠个人管理组织的方法才能获得更好的群体智慧。在协同环境下,群体智慧是指出版企业通过群体决策实现管理企业的学习系统,可以看作是分布式智力的一部分。而分布式智力是指出版企业要将其他实体的群体智力添加到自身群体智慧中。分布式智力和社会影响之间的联系基础是社会网络,它只能对那些开放、包容、进取的出版企业起作用。

分布式智力非常重要,大数据就是分布式智力资源的源泉,可以帮助出版企业解决一些自身无法解决的问题。如果出版企业忽略分布式智力资源,就无法识别和利用这些资源。

(四)利用社会影响促进出版企业快速发展

大数据可以加速扩大出版企业的社会影响。分布式资源为出版企业提供其他组织或者个人的智力资源,从而拓展出版企业的社会影响力。出版企业员工通过积极影响他人而获得企业的肯定,进而他们之间的影响和信任就会进一步加强,有利于企业未来经营和提升公司价值。因此出版企业通过积极改善经营管理方式提升其社会影响力产生的效果要比单纯对个人进行经济奖励更好。出版企业群体智慧的多样性和智力来源的广泛性,可以避免产生群体思维和群体习惯。出版企业社会网络的蓬勃发展是提升其社会影响的基础,而社会影响可以帮助企业更多地利用外部的智力资源,通过内部员工良好的互动发现企业最有希望的经营策略,将出版企业外的新想法引入企业,企业外人员参与企业活动可以增加彼此的信任和关系的价值,为将来的深度合作奠定基础。因此出版企业应该借助大数据提升自身开放性,提高竞争力。

社会物理学借助大数据可以帮助出版企业在各个环节提高工作绩效,帮助出版企业发现最佳组织结构和组织运行模式,事实上大数据同样会对出版业的商业模式产生重大影响。我们称大数据环境下的图书出版商业模式为大数据商业模式。

二、大数据商业模式与社会物理学

大数据环境要求出版企业对运营方式和盈利模式作出大的调整,人们通常用商业模式来刻画这些方式、模式,解释企业成功的原因。英国经济学人智库的报告显示,50%的企业高管认为商业模式的创新要比产品和服务的创新更重要[1]。商业模式的理论基础由商业模式的组成要素而定,偏重企业内部结构和关系的商业模式概念重视价值分析、资源观和系统论等理论;关注企业与外部利益相关者之间关系的商业模式概念则涉及价值网络、市场定位以及竞争优势等理论[2]。商业模式的最基本逻辑是企业创造价值、传递价值和获取价值[3-4]。我们在第二章的实证研究得出,传统出版业大多采用以价值创造为逻辑起点的商业模式,合作共赢是传统图书出版商业模式价值流动的动力和价值创造、传递、获取的重要方式。当前出版企业向市场提供的依然只是图书产品和服务,只不过更侧重于效率[5],例如数字出版。在互联网、大数据背景下,传统出版企业的商业模式以新的技术和格式传播内容,创造价值,驱动企业发展。目前图书出版业基本的商业模式依然是获取版权,开发版权,为内容的创作者、出版商和消费者传递价值,具体形式是出版商为获取内容和到达消费者所要完成的多方交易[6]。

我们在第四章讨论了大数据对图书出版产业链各个节点的深刻影响,出版企业为了适应大数据及其他技术的快速发展,须完善或者升级现有的商业模式,甚至从根本上创造一个全新的商业模式。基于大数据的图书出版商业模式是将与出版企业广泛关联的数据(包括授权数据)及其分析结果,进行评估、管理、经营,并将其作为核心业务,这是大数据出版的关键。大数据图书出版商业模式可以让出版企业不再只依赖表象市场信息被动适应市场变化,而是转向依据大数据对市场进行评估,并以独特的洞察力对市场做出实时反应,把握新的商机。出版企业作为社会网络的一个节点,其社会影响以社会网络为媒介影响客户、读者或者他人,而社会物理学利用大数据可以帮助出版企业发现市场机会、好的经营策略,甚至优化升级出版商业模式。

(一)社会网商业模式画布模型

自20世纪90年代末至今,商业模式的研究主要集中在商业模式从何而来、如何创新、创新如何影响绩效等方面，不断地提炼商业模式的本质和属性，特别是针对商业模式的概念开展理论探索，并且将其与战略等相关概念区分[7]。企业引入一种新的商业模式不能看作是企业战略的变化，前者回答的是企业依靠什么经营下去和为什么它能经营下去，后者回答的是企业如何能完成其既定的目标[8]。如前所述，商业模式画布是一种描述商业模式的通用工具，能够对商业模式实现可视化、评估和创新研究，该工具包括九个要素，即目标客户、价值主张、渠道通路、客户关系、收入来源、关键资源、关键活动、关键伙伴和成本结构[9-10]。其中，成本结构和收入来源是商业模式的两个基本构成要素，表示利润和为获取利润而支付的成本；关键资源、关键活动和关键伙伴分别是指保证商业模式运行所需的最重要资源、最重要活动，其目的是以尽可能小的成本获取更多的利润；目标客户是企业接触和服务的个人和组织；价值主张是指企业为特定目标客户创造价值的系列产品和服务；渠道通路是指企业连接目标客户且传递价值的通路；客户关系是指企业和特定目标客户建立的社会关系。目标客户、价值主张、渠道通路和客户关系是成本和收益的桥梁。商业模式画布模型很好地描述和定义了商业模式，厘清了企业创造价值、传递价值和获取价值的逻辑。出版企业在升级或者创新商业模式时，需要考虑与这些构成要素相关联的所有事务。

传统经济学假设市场是一个充分竞争、信息对称、均匀的完全竞争市场，每一个经济参与者都是"理性人"，人们都会作出自己最好的决策，社会资源也可以得到充分有效的配置。但是事实上，市场是一个信息非对称、资源配置不均匀的交换网络，网络中的每一个节点（企业、个人、团体）作决策时总是模仿周围他人的行为，社会学习影响人们的交易决定[11]。市场实现交换的动力源泉是社会影响力，而出版企业的渠道通路、客户关系、收入来源、关键活动、关键伙伴都离不开其所在的社会网络，目标客户就是社会网络中与其关联的直接或者间接节点，关键资源就是网络时时刻刻所产生的交换数据（大数据），价值主张就是这些数据资源所产生的价值及其衍生价值。一个企业在大数据环境下将社会网络中的正向社会影响作为企业核心价值，基于社会影响创造价值、传递价值和获取价值，那么我们可以称该企业引入了社会网商业模式。我们以图书产业链上最重要的节点——出版企业为研究对象，展现社会网商业模式画布模型的要素情况，详见表6.1。一个出版企业若要实现社会网商业模式，就要将信息及其衍生的社会影响视为核心资产,而传统的内容资源只是信息的一种形式,可将其视为核心资源的一个重要组成部分。出版企业在专注于内容及其衍生产品生产的同时,工作重点也要放在建设社会网络赖以存在的基础设施(如软件系统)、设计和发布智能电子标签上,并通过跟踪测量电子标签以获取企业的内外数据。智能电子标签包括,为达到某一目标而专门设计的智能设备(如社会计量标牌)、智能手机等移动设备上的 APP 软件和感知系统。出版企业外部数据的测量主要抓住客户、读者、作者的行为和他们之间的相互关系,内部数据的测量可以帮助企业利用其社会影响改善企业的各个方面,例如发现提高效率的方法、改善招聘决策、发现新的商机、降低成本、扩大利润空间等。出版企业仍然生产、经营、销售内容产品,除了直接获取收入以外,更重要的是它们成为出版企业扩大社会正向影响的重要手段。一个企业的社会正向影响越大,获取利润的途径、手段、空间也就越多,社会正向影响不仅包括好的产品和服务,还包括社会声誉、贡献与关爱等。

表 6.1　社会网商业模式构成要素

关键伙伴	关键活动	价值主张	客户关系	目标客户
1.社会网商业模式的数据平台服务商、数据解析服务商、基础软件提供商 2.印刷商 3.智慧图书中盘	1.长期培育企业的正向社会影响,拓展社会网络 2.收集数据、整理数据、挖掘数据 3.内容生产及其衍生产品 **关键资源** 1.社会影响 2.与出版企业相关的大数据 3.出版企业拥有的数字内容、版权 4.作者 5.重要读者或读者群	1.正向社会影响是企业创造价值的源泉 2.发现和利用数据所形成的洞察力	出版企业与作者、读者、特殊客户建立的社会关系,包括直接服务和合作创造 **渠道通路** 以出版企业为核心节点的社会网络	出版企业接触和服务的个人和组织,包括社会网络中的个人和组织(如作者、读者群等)

续表

成本结构	收入来源
1. 支撑测量社会网络的大数据基础平台成本 2. 开发出版企业社会影响资源的大数据技术成本 3. 企业运营成本	内容产品的销售、大数据的价值、正向社会影响给企业带来的增量收入

(二)社会网商业模式对出版企业的影响

目前有关出版业的数据日益丰富,企业对大数据辅助经营的需求也日益增加,但仅凭大数据提高出版企业的商业洞察力还不够,我们引入社会网商业模式正是为了解决这一矛盾。社会网络连结着出版企业和客户,它们之间的交易在社会网络中发生,与企业相关的大数据产生于社会网络,而蕴含着企业社会影响的大数据可以帮助企业发现影响其发展的各种不利因素。另外,出版企业给客户的奖励就是社会网络激励,可用来提高企业的社会影响,扩大企业的信息来源,帮助企业寻找潜在客户。

出版企业若采用了社会网商业模式,就从单纯内容生产者转化为致力于培育企业的正向社会影响、构建社会网络、注重收集数据和开发数据价值的企业。采用社会网商业模式的出版企业的价值体现在正向社会影响的广度和深度,以及发现和利用数据提高企业经营的商业洞察力上;出版企业的各个部门同样要做出业务转变,目标是提高正向社会影响和追求新的商业机会,部门间的业务边界也将变得越来越模糊,甚至逐渐消失;各部门的责任、角色、资源都会因为新的商业模式而进入新的领域并重新组织配置。

社会网商业模式存在的媒介是出版企业赖以存在的社会关系网络,包括真实社会关系网络和虚拟社会关系网络,前者受到时间和空间的影响要比后者的规模小得多。社会网商业模式画布模型的九个要素的发生和发展离不开社会网络,企业创造价值、传递价值和获取价值也都离不开社会网络。社会网商业模式的核心价值是企业的正向社会影响,即企业的正向社会影响越大,企业创造、传递和获取的价值就越大,且难度越小;反之,如果企业在经营过程中有负向社会影响,社会网络就会迅速扩大这种负面影响,这将是致命的。因此社会网商业模式要求企业绝对不能出现负向社会影响,即使是微小的负向社会影响也会破坏企业和消费者长久培育的良好社会关系。社会网络存在的基础是信任,而信任来自稳定的社会关系。出版企业在长期经营过程中赢得消费者的青睐,与消费者建立稳定关系,这对企业而言是价值创造的源泉。正向社会影响是社会网商业模式的核心,是企业赖以生存的基础。也就是说企业采用社会网商业模式就要将社会影响作为企业经营的核心竞争力,企业的任何经营活动都要考虑它是否会给社会网络带来正向的社会影响。正向的社会影响不仅可以加强企业与消费者之间的社会纽带关系,而且可以使企业所经营的社会网络不断地向外延伸。强纽带关系降低交易成本,社会网络的延伸可带来企业的价值增量。

(三)社会网商业模式画布模型现实分析

出版企业采用社会网商业模式要获得成功须充分考虑大数据、社会物理学的基本原理,其中社会影响是社会网商业模式的核心价值,提升社会影响是出版企业未来成功的关键。虽然目前采用社会网商业模式会面临诸多困难、障碍,但是出版企业应迈出这一步,可以通过其他企业提供的大数据服务,解决相关困难,并从数据经营中获取利益。

社会网商业模式的基础是大数据,目前很少有出版企业能够负担得起大数据经营的成本支出,但是出版企业可以通过购买大数据服务来实现社会网商业模式。大数据是继云计算之后的另一个巨大商机,诸如 IBM、微软、亚马逊等纷纷掘金这一市场。经营大数据的主要成本来源于数据存储平台、计算平台、BI 平台、数据交易平台等基础服务,另外来自商业数据分析公司提供的数据收集、整理、分析、可视化等服务。因此大数据驱动的出版企业的关键伙伴是数据平台提供商和数据服务商,当然还有以前的作者、分销商、中盘服务商等。目前,国内多数出版企业基本上没有能力、经费来建立自己的基础数据平台、商业数据分析平台,也没有能力、经费来聘用或者培养大数据人才,甚至支付第三方服务费用也有困难,特别是中小出版企业。从目前发展阶段来看,国内出版企业很少运营大数据。

区块链技术的出现给中小出版企业利用大数据开发其社会影响力[12],采用社会网商业模式开启了契机。区块链技术极大地降低了大数据技术的成本和复杂性,更适合中小出版企业。区块链技术可以帮助出版企业开发具备成本优势和用户友好型的大数据战略,人工智能和机器学习区块链平台无需软件或数据分析专家就可以准确地访问数据,洞察业务。区块链技术可以使出版企业摒弃传统营销的中间人,直接获取更准确的客户数据,更容易访问和分析大数据,使用 BAT(Basic Attention Token)向已经选择接收的客户投放广告,同时为出版企业提供内置的消费者主导系统,这是一个双赢的项目,出版企业可以找到潜在客户,而用户通过点击广告令牌即可获得报酬。出版企业可以利用区块链获取的数据构建社会网络,采用社会网商业模式后开发社会影响,趋利避害,快速提升企业在市场竞争中的优势。但是到目前为止,还未有出版企业应用区块链实现大数据经营的案例,而谷歌和亚马逊的经验可供借鉴。

谷歌和亚马逊都将图书和杂志数字化文本作为关键资源,但是谷歌做得更深入。谷歌不仅将图书数字化,而且为数字化后的文本建设数字档案,增加了用于搜索和发现的语义标签,并将此类归档作为一个数据集,可以对其加以分析并发现其他相关的用途。例如,这些数据丰富了翻译内容的素材,提高了谷歌在线翻译的质量。亚马逊也将大量的印刷版图书数字化为电子书,但只是出售这些数字图书的访问权限,而没有将这些数字资源进一步开发利用。亚马逊虽然对统计意义上的重要词汇提供了卓越的服务,但是无法发现主题不同图书之间的联系,也没有对零售中被消费者检索的大量词汇作进一步的数据分析。亚马逊仅仅利用了数据的一部分价值,显然谷歌在这方面做得更好。出版企业在数字化图书资源时,要吸取亚马逊的教训,学习谷歌的经验,为充分挖掘数据资源潜在应用作准备。数据从过去的主要用途发展到未来的潜在用途,数据的价值将会发生转移[13],这将深刻影响出版企业对其数据资源的评估和处理,促使其改变商业模式及看待和使用数据的方式。

采用社会网商业模式后,出版企业的目标客户依然是内容消费者。无论是哪种规模的企业,都认为与消费者的友好关系是保证和提高人们积极消费的关键因素。因此,出版企业需要直接管理自己的消费者,在社会网络上和他们建立直接关联,即建立和管理消费者数据库,让消费者能够直接接收出版企业对他们的正向影响,当然企业也会在第一时间得到消费者的消费诉求。

社会网络是实现社会网商业模式的渠道通路,是企业经营的基础设施,所有的商业活动都发生在这个网络里,包括客户关系。当然社会网络没有严格的边际,出版企业只是其中的一个节点,企业数据库中的读者是出版企业最直接关联的消费者,而与这些消费者关联的其他人或团体是出版企业的潜在消费者或受影响者。出版企业的正向社会影响在网络上传递,范围未必大,影响未必远,受影响最直接的是其读者数据库中的人群,因此需要对和出版企业相关联的社会网的扩张做长期的培育。出版企业的负面影响,在社会网络上的传播速度非常快、范围非常广、影响非常远,加上各种媒体的推波助澜,企业后续经营将会十分困难,甚至面临倒闭的风险。这就是所谓的"好事不出门,坏事传千里"。因此,出版企业要积极利用大数据认真、谨慎地经营和管理自己的社会网络,从中挖掘模式、信息、方法,帮助企业取得竞争优势。例如通过大数据挖掘可以知道影响消费者购买决定的关键因素及哪些人是潜在的消费者,同时竭力避免负面影响的发生。目前出版企业的消费者数据往往掌握在分销商的手中,出版企业和消费者被隔开,出版企业无法直接管理自己的消费者,更别说开发潜在消费者了,此时出版企业处于劣势地位。也就是说,在目前基于市场的商业模式中,出版企业要准确把握消费者的信息(例如忠诚消费者的特征),主要依靠分销商或者图书中盘提供的信息。出版企业若选择社会网商业模式,就需要重新审视对分销商的依赖程度,必须要建立读者管理数据库,采集读者行为数据,建立包括核心客户在内的社会网络,这都是大数据的用武之地。

采用社会网商业模式后,出版企业的关键活动是收集高精度的全息用户数据,包括用户行为数据、图像、地理信息和身份数据,建立以出版企业为核心节点的社会网络,提高市场的洞察力。社会网络可以帮助出版企业借助大数据获取有关内容潮流、流行趋势的信息,帮助出版企业率先在某个新领域占领市场。更为重要的是,出版企业可以通过社会网络提高对消费者的社会影响,以及消费者对出版企业带来的社会影响。社会影响可以帮助企业深入了解出版活动的具体运作过程及改进出版过程的方法。采用社会网商业模式的出版企业有极高的市场洞察力,即使是在特殊经营环境下也能应付自如,例如在销售淡季也会取得不错的销售业绩。

基于社会影响的图书出版社会网商业模式和其他图书出版商业模式一样,涵盖了图书选题策划、编辑、出版、印刷等生产与销售活动,但是这些活动在社会网商业模式中以不同的方式运行。出版企业不断地推出和销售内容产品,带来收入,同时积累了大量的内容数据、购买这些内容消费者的行为数据及消费者与内容的互动数据(如移动电子设备上的阅读)。社会网商业模式更重视这些数据背后的价值,不断收集和挖掘这些与交易相关的数据,通过经营这些数据提高企业的正向社会影响,帮助企业创造、传递和获取价值。企业的正向社会影响是出版企业价值主张的逻辑起点。

三、社会网商业模式分析与大数据对策

(一)行为经济学与社会网商业模式

传统经济学假设经济行为都是理性的,并且是自利的,市场的完全竞争使得消费者效用最大化、生产者利润最大化,资源得到有效配置。但是传统经济学是象牙塔里炮制出来的理论,与现实脱节,在实际经济生活中显得苍白无力,如同质性假设就否定了经济活动是建立在个人差异引起的交易收益上的。与其他行业一样,出版业依据传统的自由竞争的市场理论运作,市场上大量的买家和卖家决定了某一商品的价值。以市场为导向的图书出版商业模式涵盖了图书选题策划、编辑、出版、印刷等生产与销售活动,专注于上市的产品及其衍生品,产品的销售收入是这类商业模式的财务基础。以市场为导向的出版企业的核心资产是其所控制的内容版权,企业能否成功取决于利用这些版权开发的产品能否受到消费者的青睐。

行为经济学的研究主要是以实际调查为根据,对不同环境中人的经济行为进行观察和比较,然后加以概括并得出结论[14]。行为经济学的研究特点是重视人的非理性行为的研究,打破了传统经济学的界限和视域,在现实人的基础上发展了传统经济学的"经济人"的概念。社会网商业模式与行为经济学一脉相承,借用大数据和社会物理学的研究方法,寻找符合客观实际的人的行为和市场规律,并从中发现商机,指导企业的经营和管理。彭特兰认为,交换网络基于市场的信任,交换网络中的关系很稳定,而稳定带来的又是信任,人人都期盼一个持续的、有价值的关系。如果交换网络能够更精确地描述贸易和商业活动,那么这个模型和强调信任重要性的社会物理学相结合,就构成了以社会影响为基础的社会网商业模式的根基。

(二)成功运作大数据的企业特征

基于市场导向的图书出版商业模式和基于社会影响的社会网商业模式对目标客户、价值主张、渠道通路、客户关系、收入来源、关键资源、关键活动、关键伙伴和成本结构九个变量有着不同的取值,出版企业可以采用任何一种商业模式

指导其经营。其实在概念和形式上从基于市场的商业模式跨越到社会网商业模式并不困难,如施普林格、亚马逊、谷歌等公司已经走在行业的前面,但是通过大数据的影响使一个企业的经营实现转向并不容易,特别是要采用以大数据为基础的社会网商业模式。

成功运作大数据的企业有着明显的特征。第一,实施大数据战略的公司都具有强大的分析能力[15]。大数据驱动的企业仅仅对海量的数据予以收集是无用的,关键是对所收集的数据信息进行分析,从数据分析中找出有助于经营决策的信息。第二,大数据驱动的公司发掘的信息要高度可视化[16]。可视化的效果越好,企业就越能够更好地作出决策。第三,大数据驱动的公司有适用于大数据运作的组织设计,帮助公司根据数据分析的结果进行实时决策[17]。第四,大数据成为企业新的商业机会的驱动力[18],而不仅仅是管理企业的一个工具。

(三) 实施社会网商业模式的折中策略

出版企业在彻底采用以大数据为基础的社会网商业模式之前,可以采用一种过渡的形式,即依然可以保持其当前的核心业务和价值主张,将大数据作为一种优先战略,而不是改变现有的商业模式,例如施普林格、柯林斯等公司。将大数据纳入出版企业的经营战略,并不是直接采用全新的商业模式,也不急于从固有的部门中分离一部分或者成立一个新的部门专门来管理和经营大数据。采用大数据的企业,无论是出版商还是经销商都在出版领域获得了成功,在大数据的帮助下,它们在选题策划、约稿、编辑、出版时间、市场营销、产品开发方面都能做出明智的选择。随着大数据深入企业经营,出版企业借助社会网商业模式发展,企业的核心业务可能会发生质的改变,甚至彻底放弃原有的核心业务,来一次华丽转身,成为一个专门为出版业内企业和组织提供技术与商业服务的专门企业,包括软硬件、技术、系统支持服务,数据分析、咨询、经营、管理等商业服务,以及企业经营、策划、决策等管理服务。

如果企业选择大数据的战略或是社会网商业模式(大数据是其基础),那么可以参考以下五条建议:

(1)前期投入应以客户为中心;

(2)规划一个企业层面的大数据计划;

(3)从现有数据出发实现短期商业目标;

(4)根据核心业务级别采取相应的分析能力;

(5)基于量化后的结果构建商业案例。

虽然该建议比较粗线条,但指明了企业参与大数据开发的一条路径,是出版企业实施社会网商业模式的一个可行策略。

社会网商业模式并不是要求出版企业放弃内容生产这一核心业务,而是通过收集和挖掘分析消费者的网上行为数据、在线内容数据及与他们的互动数据,扩展出版企业的业务范围,内容生产依然是出版企业的核心业务,不是转而开展一个完全不同的或者相关性较弱的新业务。简单来说,采用社会网商业模式,要求出版企业更加注重数据的价值和维系读者关系的方式,即数据和内容的相互作用共同为读者提供满意的服务。另外,社会网商业模式没有要求出版企业单独完成收集、存储、管理、挖掘大数据的业务,可以采用购买其他大数据专业公司服务的方式,并由其协助出版企业逐渐向社会网商业模式转型,最终使社会影响成为出版企业生存的核心资产,核心业务由提供内容转向更广泛的服务,而数据只是帮助企业成功的媒介或者工具。

社会影响是社会网商业模式的主要价值,也是出版企业和其他行业与个人联系的关键,更是企业内部运作和成功的关键。衡量社会影响力不能用简单的指标(如微信朋友圈的规模),而是要了解企业本身对个人、团体、组织等各类客户的实际影响。企业要慎重地经营自己的社会影响,不能出现负向社会影响,否则将是致命的。

四、图书出版的社会网商业模式的技术基础

层出不穷的新技术为图书出版商业模式创新理论提供了技术基础,正是在新技术的基础上,大数据图书出版社会网商业模式理论被提出,在实践中得到发展。这些技术包括商务智能、数据挖掘、人工智能、区块链、云计算等。

(一)商务智能分析的高度有效性

商务智能(Business Intelligence,简称BI)这个概念最早由加特纳集团在1996年提出,加特纳集团认为商务智能描述了一系列的概念和方法,通过应用基于事实的支持系统来辅助商务决策的制定[19]。商务智能技术可以帮助企业收集、管理和分析数据,将这些数据转化为有用的信息,然后分发到企业各处。通过商务智能,企业的商业利润增加。

商务智能分析在数据采集中发挥着重要作用。传统的数据采集是手工纸质

记录,随着技术的进步,计算机先是将数据存储在磁带上,然后是磁盘上。社会分工让每个人在他们擅长的领域工作,不了解计算机的人可以使用他人开发的管理系统来管理数据,如超市的商品管理系统、公司内部的人力资源管理系统,从而创造更大的利益空间。软件程序员也通过设计和编码,用建造好的数据库和数据仓库等产品设计出上述的管理系统。有了这样一层接一层的工作,数据获取方式从手工记录到键盘录入,发生了翻天覆地的改变。例如通过现代软件技术进行搜索,就能快速高效地获得十年前的历史数据,从而可以更高效地进行数据分析。

商务智能中的"智能"突出了计算机的重要性。商务智能分析通常与数据分析技术密不可分。数据分析是一种工具,是一种系统化分析问题的方式,在不同的问题中变现的难易程度也不一样。无论企业的商业模式如何,人们使用数学方法来证明他们对数据的预先假设都可以称为数据分析。商务智能则是一种产品或服务(包含报告、分析、管理等),利用计算机和编程技术来自动实现某些商业过程,例如,使用商务智能做出的报表来观测商店的人流量、购买量、购买时间,并调整商店的库存和销售节奏。目前专业的商务智能服务公司有很多,例如国外的微软、IBM,国内的亿信华辰、帆软、用友、网易有数、思迈特、永洪、奥威等。

如今,图书出版企业必须对瞬息万变的市场做出迅速反应,进行有效的决策,而决策的正确性与及时性都必须建立在全面、准确、及时的信息的基础上。从数据分析中发现商业机会的能力已经成为支撑企业的重要力量,也是企业建立竞争优势的一个不可或缺的条件。商务智能技术的出现为企业解决内部管理问题提供了技术支持和保障。商务智能利用计算机和现代通信技术,针对企业收集、整理、分析和分享信息的流程,为企业提供信息,扩大信息的受众范围,增加信息的价值,为出版企业及时、准确地进行决策提供服务支持。

(二)数据分析与挖掘技术

数据分析是指通过适当的统计分析方法收集大量数据,提取有用信息,分析和总结数据,形成结论的过程。随着计算机、互联网和数据库等技术的快速发展,数据的生成、获取和存储变得越来越容易。这些数据也可以反映出人们生产和生活中的规则。数据分析可以从数据中找到有效信息,帮助企业预测未来的趋势和行为,制定有针对性的决策,使企业业务和生产活动主动积极,符合市场未来的发展趋势。数据分析是数学、统计学和计算机科学的交叉学科,人们经常使用计算机工具和数学知识来处理数据、判断结果并采取适当的措施。

数据分析范围从浅到深,通常有三个级别:描述性统计分析、探索性数据分析、数据挖掘模型。三级数据分析的复杂性依次增加,数据分析结果支持企业决策。描述性统计分析侧重于数据的当前特征,观察数据和识别问题。探索性数据分析侧重于探索变量或用户之间的关系,以及发现数据中的新功能,主要方法有相关分析、显著性差异检验分析、因子分析、对应分析等。探索性数据分析通常用于验证市场渠道、官方合作渠道和线下推广渠道的推广能力是否存在差异(显著性差异测试分析);了解用户数量、启动次数、活动率、地区、渠道等之间的关系(相关分析);探索影响应用程序保留的潜在因素(因素分析)。数据挖掘模型通常是指从大量数据中探索数据背后的法则并发现有价值的规则的过程。数据挖掘通常与计算机科学有关,是通过统计、在线分析处理、信息检索、机器学习、专家系统(取决于过去的经验法则)和模式识别等来实现目标的方法。数据挖掘模型主要有四种,分别是分类、预测、关联和聚类。分类有决策树、神经网络分类、逻辑回归、贝叶斯网络等算法;预测多用目标回归算法;聚类算法常用快速聚类、两步聚类、层次聚类、关联算法。大多数商业数据挖掘软件都实现了这些功能,以方便普通人的使用。描述性统计分析和探索性数据分析常用工具有Excel、SPSS、SAS、R语言、MATLAB,用于数据挖掘建模的常用工具有Clementine、SAS、R语言、MATLAB、MAPLE。

用于数据挖掘的数据资源通常是大量不完整、嘈杂、模糊、随机的数据。数据挖掘就是提取隐藏在人们尚未知道但可能有用的信息和知识的过程,是一种从大型数据库或数据仓库中提取隐藏预测信息的技术。数据挖掘技术已广泛应用于图书出版领域,主要是提取、转换、分析商业数据,提取关键信息以辅助出版决策,为科学的商业决策提供帮助。大多数出版企业清楚收集读者数据的重要性,想利用大数据为读者呈现科学的、前瞻性的图书出版计划。数据挖掘技术可以将看似无关的数据的关联性挖掘出来,帮助企业发现数据之间本质的、有意义的联系。这不仅能够迅速响应读者的需求,而且能够有效地预测读者的需求。

(三)人工智能技术

诞生于1956年的人工智能经过半个多世纪的发展,由于智能算法、计算速度、存储水平等诸多因素跌宕起伏,人工智能技术的发展和应用经历了高潮和低谷。自2006年以来,以深度学习为代表的机器学习算法在机器视觉和语音识别领域取得了巨大成功,其识别准确度大大提高,人工智能受到学术界和工业界的广泛关注。云计算、大数据和其他技术的快速发展可提高计算速度并降低计算成本。人工智能技术与数据分析和挖掘技术可以说是相辅相成的。例如越来越多的公司开设了人工智能和大数据项目,其中很多公司的高管认为高质量、可塑性和潜在可识别的数据在商业应用和认知分析中给他们提供了帮助。

根据人工智能能否真正实现推理、思考和解决问题,人工智能可分为弱人工智能和强人工智能。弱人工智能是指无法真正实现推理和解决问题的智能机器。迄今为止,人工智能系统一直致力于特定功能的实施,而不是适应复杂的新环境和人类智能等新兴功能,因此还属于弱人工智能范畴。目前的主流研究仍然局限于弱人工智能,并取得了重大进展,如语音识别、图像处理和对象分割、机器翻译等重大突破,这些方面甚至可以接近或超越人类水平。

机器学习是人工智能技术的核心,而基于数据的机器学习是现代智能技术中最重要的方法之一,包括有监督学习、无监督学习、迁移学习。有监督学习是使用标记的有限训练数据集通过一些学习策略、方法来创建模型以实现新数据分类或映射。最典型的有监督学习算法包括回归和分类。无监督学习包括密度估计、数据降维、聚类等,不需要训练样本和手动注释数据,主要用于经济预测、社交网络分析、市场细分等。迁移学习是指当不可能在某些领域获得足够的模型训练数据时,从另一个领域的数据获得更好的学习效果。当前的迁移学习技术主要用于变量有限的小规模应用,如基于传感器网络的定位、文本分类和图像分类。未来的迁移学习将被广泛用于解决更具挑战性的问题,如视频分类、社交网络分析和逻辑推理。

虽然人工智能的发展具有领域局限性,但是目前的人工智能在图书出版领域还是大有作为的,例如人工智能辅助编辑系统完全可以实现。随着科学技术的发展,人工智能在出版产业链的各个环节都会有很好的表现。因此人工智能为图书出版商业模式的升级做了技术上的准备。

（四）区块链技术

区块链技术是下一代云计算的雏形,有望像互联网一样彻底重塑人类社会活动形态,并实现从目前的信息互联网向价值互联网的转变[20]。区块链"可流动到可见"和"零信任成本"的优势真正完成了匿名社会的信用建设,为许多领域带来新机遇。区块链是允许参与系统的多个节点通过使用密码方法生成的一系列数据块,每个数据块包含系统在一段时间内的所有信息交换数据,并生成数据指纹以验证其信息的有效性并链接下一个数据块。目前区块链已引起政府部门、金融机构、科技公司和资本市场的高度重视。区块链技术具有分散、时序数据,集体维护,可编程和安全可信等特点[20-21],特别适合建立可编程货币系统、金融系统,甚至宏观社会系统。它在网络空间中建立了分布式共识,所有事件都创建了无法在公共账簿中篡改的精确记录,让区块链中的所有参与者都能确切地知道发生了什么。区块链技术可用于创建一个民主、开放、可扩展的数字经济系统。

区块链有六个特征:去中心化(Decentralized)、去信任化(Trustless)、集体维护(Collectively Maintain)、可靠数据库(Reliable Database)、开放性(Open Source)、匿名性(Anonymity)[20,22]。如果一个系统没有这些特征,就不能视为基于区块链技术的应用程序。去中心化指的是整个网络没有集中的硬件或管理组织,任何节点的权利和义务都是相等的,任何节点的损坏或丢失都不会影响整个系统的运行。去信任化指的是参与整个系统的每个节点之间的数据交换不需要相互信任,因此在系统指定的范围和时间范围内,任一节点不能欺骗其他节点。集体维护指的是系统中的数据块由整个系统中具有维护功能的所有节点维护,具有维护功能的这些节点任何人都可参与。可靠数据库指的是整个系统将采用子数据库的形式,允许每个参与节点获得完整数据库的副本。参与系统的节点越多,计算能力越强,系统中的数据安全性就越高。由于整个系统的操作规则必须是开放透明的,因此整个系统必须是程序的开源,具有开放性。节点和节点不需要彼此信任,因此节点之间无须公开身份,系统中的每个参与节点都是匿名的。

区块链技术很可能成为下一代数据库架构,通过分散技术,信用将在大数据的基础上完成数学和算法认可并最终实现全球互信。互联网已经进入大数据时代,但从目前来看,大数据仍处于非常基本的阶段。一旦进入区块链数据库阶段,就标志着真正的强烈互信和认可的大数据时代的到来。文化行业利用区块链技术数据不可更改、公信力高的特性,可以开展证书存储、数字产权保护、文物鉴定等众多业务。区块链技术不仅可以用于图书出版领域,还可以扩展到当前的应用,如微博、微信、搜索、租赁、打车软件都有可能使用该技术。区块链的智能合约不仅为传统金融资产的发行、交易、创造和管理提供创新性的解决方案,而且能够在社会系统中的资产管理、合同管理、监管执法等事务中发挥重要作用。区块链的智能合约技术有利于图书出版社会网商业模式的实现,使出版企业更尽心尽力地经营自己的社会网,提高其正向社会影响。

(五)云计算

云计算(Cloud Computing)是一种分布式计算,将巨大的数据计算任务分解成无数个小任务,通过由多台服务器组成的系统对任务处理并将得到的结果合并后返回用户[23]。云计算不单单是一种分布式计算,还是效用计算、负载均衡、并行计算、网络存储、热备份冗杂和虚拟化等多项技术混合演进、跃升的结果。云计算把许多计算资源集合起来,通过软件实现自动化管理,只需很少的人参与,就能让资源快速为客户提供服务[24]。

云计算与传统的网络应用模式相比,具有虚拟化、可动态扩展、按需部署、灵活性好、可靠性高、性价比高、可扩展性等优势[25]。云计算服务可以分为三种类型,基础设施即服务(IaaS)、平台即服务(PaaS)和软件即服务(SaaS)[26]。

云服务可以为中小出版企业搭建网络基础设施及软硬件平台,并负责所有实施和后期维护,企业只需一次性支付项目实施费和软件租赁费,即可通过互联网享用信息系统。服务商通过有效的措施,可以保证出版企业数据的安全性和保密性。出版企业采用云服务在效果上与自建信息系统没有区别,但能大幅度降低出版企业信息化的门槛与风险。

大数据出版与云计算的融合发展已是必然趋势,互联网已经不再是一个单纯的展示工具和平台,而是一种生产方式,是企业竞争和生存的关键,像水和电一样,出版企业无法拒绝大数据和云计算。大数据与云计算的融合将改变行业竞争的态势,作者、读者在互联网上,图书市场就在互联网上,缺乏对读者数据的分析、对图书市场的判断,出版企业丧失的就是核心竞争力。大数据将给出版业带来一场改革,未来与数据相关的业务将成为出版企业的主营业务,出版企业围绕大数据将向数据分析、服务转型升级。

五、出版业构建社会网商业模式的基本条件

(一)按需印刷——实现图书的印刷成本与印数无关

按需印刷是图书出版社会网商业模式实现的基本条件之一。它是随着互联网的发展和印刷技术的提高,以及大数据智慧中盘的设立而实现的。图书的销

售实现零库存的即时订购、即时印刷、即时发货、即时阅读的新型产业链模式,无论是读者直接订购还是零售书店采购均可以采用该模式。在这种模式中大规模的图书印制(如中小学教材)依然可以采用成本更低的印刷方式。随着技术的进步,规模印刷与小批量印刷的单位印刷成本的差异会变得越来越小,甚至消失。智慧图书中盘(在下一章讨论)是实现上述图书产业链的技术、物流、信息、金融、大数据、智慧出版的服务商,可以帮助出版企业实现智慧出版、智慧印刷、智慧物流等流程。图书出版社会网商业模式是以出版企业为中心节点,以作者、读者、社会群体为其他节点的网络,出版企业与读者、读者与作者,以及读者与读者之间有关出版企业的图书信息、评价、讨论都在这个网络内传递。出版企业的经营目的就是利用社会网把图书产品从按需印刷的小众图书变成大众图书,从而获得更加丰厚的利润。因此,实现图书的印刷成本与印数无关是实现即时订购、即时印刷、即时发货、即时阅读的最为基本的条件,也是实现零库存的条件,我们把该条件作为社会网商业模式成功运作的基本条件之一。

自从20世纪80年代编辑图书和封面设计利用计算机以来,出版业的数字化便正式开始。出版的数字化大大提高了图书排版的效率,使得图书的营销模式也发生了很大变化。图书的数字化同时给读者带来了许多好处,人们阅读图书的渠道变多,阅读的广度增强。但是随着移动互联网的普及,阅读资源过多使得阅读也越来越分散,越来越片段化,传统图书的平均印销量不断下降。互联网促进了图书电子商务大发展,现在的图书电子商务已经赢得了大量高质量的消费群体,电子商务也促进了图书(包括电子图书)销售,但电商和电子图书对许多传统出版产业链上的出版企业、印刷商等实体企业产生了不利影响,造成了很大的冲击。

传统出版很难预测图书的市场销售,图书的印制量远超过其实际销量,造成许多成品图书的浪费和库存量过大[27]。而短版图书受到传统出版方式的限制,印刷数量很少,无法达到传统印刷品的基本数量要求,造成许多市场需求少的图书无法出版。事实上,短版图书包含大量学术著作、专业教材、信息资料、艺术、古籍、回忆录等,在传统出版模式下它们不能达到印制的规模成本,使其难以重印或出版,这在一定程度上造成了资源的浪费。如果印刷成本和印数无关的情况实现了,按需印刷就可以很好地解决这一问题。随着社会对图书需求的多样化,图书的种类也会越来越多,社会需求出现分散化,单本图书的社会需求数量会越来越小。按需印刷将会应运而生并被读者所喜爱,因为这是满足图书小众需求的重要商业路径之一。

按需印刷是现在全球出版领域的一项流行技术,出版企业可以通过互联网将数字化图书电子文档传送到世界各地,灵活地安排印刷数量,并通过专门的激光打印技术高速打印,自动完成折叠、装订等流程,快速完成图书的出版。《中国青年报》报道按需印刷在美国已经有较好的实践,2008 年美国按需出版图书类别首次超越传统出版图书,2010 年,美国按需出版图书数量同比增长 169% ,2011 年美国按需出版图书申请的国际标准书号(ISBN)数量达到 110 万个。按需印刷的概念非常广泛,不仅包括图书还包括包装和标签。根据当前互联网技术的发展、印刷技术和读者的需求,现在按需印刷的图书主要是市场上畅销的书籍。激光打印是一种可以实现按需印刷的技术,由当今的互联网技术和数字印刷技术集合而成,打印数量一般为 3000 至 5000 册,图书打印直接根据客户提供的数量进行。传统出版的图书印数通常取决于出版企业对市场的判断,凭借经验判断图书库存以满足读者的需求存在很大的不确定性和主观性。按需印刷除了满足市场对已出版图书的重印需求外,还可以实现按需出版服务,大大减小库存压力。

按需印刷注重读者的需求,更是出版企业社会网商业模式经营的利器,可以成为出版企业的市场试金石。通过社会网利用大数据发现产品优点和缺点,出版企业可保留图书的优点,对市场反馈的缺点加以修正,力争将每本书打造为精品图书,不断提高企业的社会影响力,促进企业更好发展。

(二)按需印刷——满足读者的个性化需求

目前图书出版业的发行形成了"三极,两弱"的格局。第一极是指国有和国有控股的主渠道,第二极是指民营渠道,第三极是指外资的发行渠道。国有主渠道的优势主要集中在行业价值链的出版、一级批发、终端网络等方面,民营渠道在分销渠道的下游零售环节具有机制灵活的相对优势,外资的发行渠道在分销渠道和零售网络管理上具有相对优势。"两弱"是指"三极"在分销渠道整合和物流系统的构建方面都显得比较薄弱。所以说,谁把核心业务流程放在这两个薄弱环节上,谁就会在未来的市场竞争中获得竞争优势,这也是我们下一章建立智慧图书中盘的现实依据。智慧图书中盘在分销渠道和物流系统都会获得竞争优势。

由于受传统管理体制的影响,我国出版业仍然保留着"大而全"或"小而齐"的商业模式。出版企业从采购到销售的一系列的物流活动仍依靠自身,这种模式很大程度上受自营企业禀赋的限制而转向依赖第三方社会化物流服务。图书的物流发展呈现出明显的区域划分,不利于形成社会化物流体系和跨区域的图书物流网络[28]。要提高图书出版和发行的效率,就应该从客户的需求出发,整合分销渠道,建立物流支持体系,使整个图书物流布局合理有序。消费者将选择通过图书使用的时间价值和空间价值快速实现图书的使用价值。

本书的逻辑起点就是读者的个性化需求,事实上个性化需求一直存在,只是过去限于技术水平而无法实现。当前,互联网、大数据、人工智能、数据挖掘及印刷等技术大大提高,足以开发这一潜在的市场需求。个性化需求市场的开发将进一步强调个性化的趋势,按需印刷可让读者与阅读"零时差"。而按需印刷可以进一步扩大读者的个性化需求市场,反过来又刺激物流业的新需求。图书的分销和物流的合理布局需要在一个智慧图书中盘的统筹安排下完成,在此过程中智慧图书中盘要借助大数据技术、商务智能、数据挖掘技术、机器学习、模式识别等技术分析中盘数据和外部数据,以便及时为出版企业和下游企业提供决策所需要的数据服务,使整个分销网络、物理网络布局合理、成本低、智能化,极大地节约社会成本,提高企业盈利能力,增强企业竞争力,让读者得到满意、快捷的服务。对出版企业而言,智慧图书中盘提供的服务不仅会使出版企业的图书物流分布合理,而且使出版企业能够专注出版,对出版企业提高其社会影响起到十分积极的作用。

为了应对市场对图书的个性化需求的趋势,出版企业应该主动捕捉读者个性化需求的特点。在服务好消费者的同时,出版企业可以更好地经营自己的社会网络,扩大其正向社会影响,利用大数据摸清客户需求偏好,特别是读者的需求偏好;建立专门的图书书目编辑和推介部门来管理书目数据库、推介图书,出版纸质和电子图书购买指南,介绍有关图书的信息,满足不同客户需求。针对读者即时订购图书的需求,出版企业可通过智慧图书中盘提供的服务实现快速响应。智慧图书中盘可以迅速从对应出版企业的图书数据库提取图书电子版,通过网络迅速传到距离客户最近的印刷点启动设备打印、装订好图书,同时智慧图书中盘把订购图书的读者的地址信息传递给合作物流企业或者中盘自有物流管理中心,物流管理中心根据读者的地理信息和订阅时间以最为经济的方式自动将图书送到读者手中,如图6.1所示。

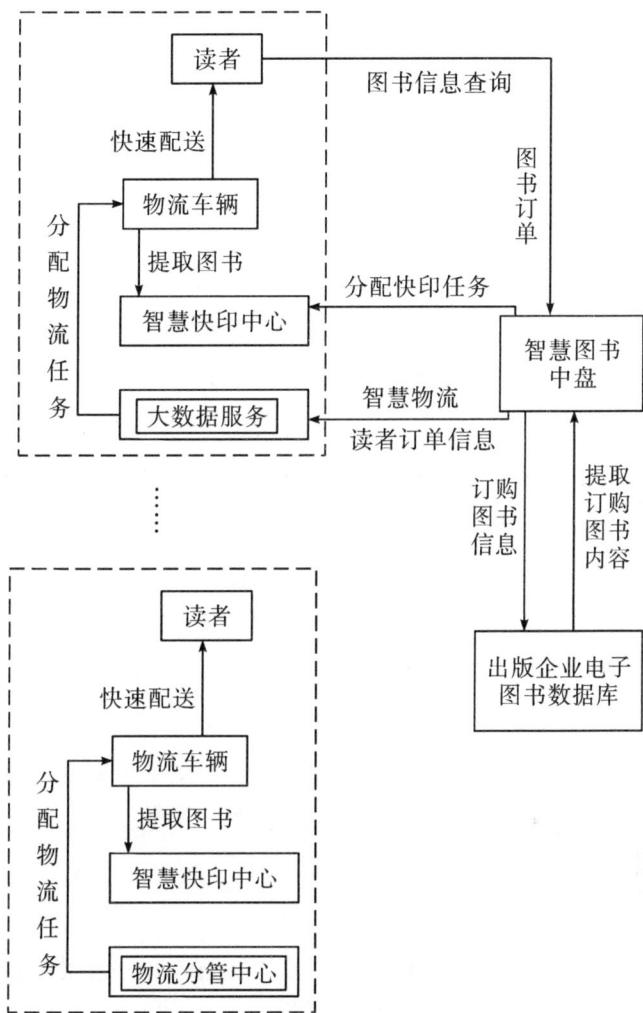

图6.1 个性化新需求、按需印刷流程图

个性化需求、按需印刷和零时空阅读可使出版企业实现零库存管理。库存码洋积压过多占据了出版企业资本的流动性,产生高库存成本,影响了出版企业的盈利能力和市场竞争力,造成这种情况的根本原因是个性化需求和按需印刷在技术上的准备不足。市场满足即时个性化需求是实现零库存管理的关键,而出版企业即时满足个性化需求和读者零时差阅读的实现,一方面需要大数据技术、快速印刷技术、自动装订技术、自动分拣技术、智慧物流技术等技术的支撑,另一方面需要一个机构来协调这些技术的实现、管理并提供相应的服务,这个机构就是智慧图书中盘。智慧图书中盘可以支持众多出版企业对读者个性化阅读需求的快速响应、快速印刷、快速投递,实现数小时内将图书送到读者手中。当然这一系列商务动作的完成,需要人才的、技术的、管理的、战略的及政策的支持,不可能一蹴而就,更需要出版界各个层面思想认识的统一。

当下完全实现按需印刷和读者的零时空阅读在技术上可以实现,但在战略上还需要管理层和决策层认识到智慧图书中盘建立的重要性,在组织上还需要做充分准备,要真正实现按需印刷还有一段路要走。在智慧图书中盘运营、按需印刷彻底实现之前,为了适应读者的个性化需求,出版企业应该配合物流中心合理设置分拣线,建立 24 小时物流系统。消费者的个性化需求目前表现为多品种、少数量,这仍然需要各出版企业比较精准地预测市场需求,合理地安排印刷管理。多品种、少数量也使得配送中心的货物分拣和拆卸工作量不断增加,随着个性化需求越来越高,分拣操作已成为配送中心的重要组成部分。科技的进步大大推动了分拣技术的发展,高精度和低分拣成本的自动分拣系统已成为分拣技术发展的方向。在配送中心的分拣系统优化方面,配送中心要适应目前市场发展的要求,就要满足图书订单量,提升运作水平,利用计算机软件和分拣设备支持分拣作业线上的智能化精细管理。建立大型配送中心的关键是要根据市场的布局需要在适当位置建立相应的工作站,对分拣作业线进行自动化和智能化设计,制定适应个性化需求趋势的监管措施。

参考文献

[1]JOHNSON M W, CHRISTENSEN C M, KAGERMANNH. Reinventing your business model[J]. Harvard business review, 2008, 86(12):50 – 59.

[2]郭蕊, 吴贵生. 商业模式理论辨析[J]. 技术经济, 2014,33(1):14 – 23.

[3]李鸿磊, 柳宜生. 商业模式理论发展及价值研究述评[J]. 经济管理,2016,38(9):186 – 199.

[4]朱明洋, 林子华. 国外商业模式价值逻辑研究述评与展望[J]. 科技进步与对策,2015(1):153 – 160.

[5]TEECE D J. Business models, business strategy and innovation[J]. Long range planning, 2010, 43(2/3):172 – 194.

[6]朱松林. 以创新为中心的图书出版商业模式及其应用探析[J]. 中国出版,

2014(8):29－32.

[7]杨俊,薛鸿博,牛梦茜.基于双重属性的商业模式构念化与研究架构建议[J].
外国经济与管理,2018,40(4):96－109.

[8]弗雷茨,柏雯,曹子郁,等.大数据出版[J].出版科学,2017,25(1):5－17.

[9]胡宝亮.基于画布模型的物联网商业模式构成要素研究[J].技术经济,
2015,34(2):44－49.

[10]OSTERWALDER A, PIGNEUR Y. Business model generation:a hand book for
visionaries, game changers, and challengers[M]. New Jersey:John Wiley &
Sons, Inc., 2010.

[11]彭特兰.智慧社会[M].汪小帆,汪容,译.杭州:浙江人民出版社,2015.

[12]井底望天,武源文,赵国栋,等.区块链与大数据:打造智能经济[M].北京:
人民邮电出版社,2017.

[13]MAYER-SCHÖNBERGER, CUKIER. Big data:a revolution that transfer how
we live, work, think[M]. New York:Houghton Mifflin Harcourt, 2013.

[14]周业安.行为经济学:引领经济学的未来?[J].南方经济,2018(2):1－11.

[15]刘洋,应瑛.传统企业的大数据再造[J].清华管理评论,2015(6):29－37.

[16]柏茂源,代福平.数据可视化在电子商务大数据领域的应用研究[J].艺术
与设计(理论),2017,2(03):76－78.

[17]GABEL T J, TOKARSKI C. Big data and organization design:key challenges a-
wait the survey research firm [J]. Journal of organization design, 2014, 3(1):
37－45.

[18]李国杰,程学旗.大数据研究:未来科技及经济社会发展的重大战略领域(大
数据的研究现状与科学思考)[J].中国科学院院刊,2012,27(6):647－657.

[19]王飞,刘国峰.商业智能深入浅出[M].北京:机械工业出版社,2012.

[20]袁勇,王飞跃.区块链技术发展现状与展望[J].自动化学报,2016,42(4):
481－494.

[21]张亮,刘百祥,张如意,等.区块链技术综述[J].计算机工程,2019,45
(5):1－12.

[22]祝烈煌,高峰,沈蒙,等.区块链隐私保护研究综述[J].计算机研究与发展,
2017,54(10):2170－2186.

［23］许子明,田杨锋.云计算的发展历史及其应用［J］.信息记录材料,2018,19
　　(8):66－67

［24］罗晓慧.浅谈云计算的发展［J］.电子世界,2019(8):104.

［25］李文军.计算机云计算及其实现技术分析［J］.军民两用技术与产品,2018,
　　(22):57－58.

［26］王雄.云计算的历史和优势［J］.计算机与网络,2019,45(2):44.

［27］刘红,张冠勇,李金山,等.图书供应链管理模式的构建与应用［M］.北京:
　　北京邮电大学出版社,2014.

［28］林自葵.我国图书物流的发展现状与对策［J］.图书情报知识,2004(4):
　　45－47.

第七章

智慧图书中盘

一、智慧图书中盘建立的必然性

(一)传统图书中盘在大数据环境下的不足

在大数据环境下,出版产业链构件元素之间的市场关系发生了很大变化。出版企业与传统图书中盘合作的紧密度越来越小,与大型电商的合作更为紧密。传统图书中盘不得不转变为图书经销商,逐步丧失图书中盘应有的信息收集、信息传递、物流服务和金融支持等功能。网购的零时空性对消费者有着巨大的吸引力,读者逐步形成线上消费的习惯,实体书店被电商攻城略地,面临转型。读者的阅读习惯也越来越碎片化、随性化、易变化,出版企业难以捕捉读者的兴趣,畅销书很难在现有市场上出现,大量的图书堆积仓库,占用出版企业资金,增加库存成本。作者的形式也呈现多样化,或是个人,或是团体,甚至一个微信群,更有甚者是人工智能(例如微软小冰)。作者与出版企业的合作更加灵活,优秀作者成为各个出版企业争夺的资源。图书市场参与主体市场地位和功能变化,造成图书市场目前这种混沌状况。究其原因,主要是在大数据环境下图书市场缺少能够理顺各种市场关系的市场主导者,而传统图书中盘因自身不足已经不具有这样的能力了。

1.制约了出版企业的生产力发展

目前由于传统图书中盘丧失了市场信息传递功能,出版企业无法从传统图书中盘获得足够有效的市场信息。出版企业的内容生产脱离市场实际,具有很大的盲目性,只能凭借对市场的主观认识来组织图书生产,结果生产了很多销售周期很短的图书,使出版企业的生产效率和市场效率无法得到有效发挥,出版功能大打折扣。

2. 使出版企业丧失图书零售市场

面对电商的冲击,传统图书中盘没有快速跟上时代的发展组建自己的电商平台,利用自身在图书市场的优势地位和业已存在的销售网络占领这一市场高地,而是被动接受电商的零时空网上销售的冲击,致使大批零售书店失去市场,传统图书销售网络崩塌。

3. 使出版企业的资金流、物流、信息流不畅通

在第三章我们已得出结论,传统图书中盘已经转变为一个图书销售商,这使得传统图书销售网络已经形同虚设。传统图书中盘已经丧失了在图书产业链中对上游出版企业和下游零售商的市场媒介功能,致使在出版企业和零售商之间传递的资金流、物流、信息流不再通过图书中盘。目前图书零售业务大部分发生在网络,图书资金流被电商把持,物流被大型物流公司垄断,导致市场信息、图书即时销售信息、读者阅读信息无法有效传递给出版企业,使图书生产的市场有效性大打折扣。

4. 不能对上下游企业提供全方位的有效服务

传统图书中盘市场地位退化,销售网络崩溃,已经基本丧失了对出版企业和下游零售书店服务的功能。过去传统图书中盘在整个图书销售网络中是最为重要的根部节点,其两端分别连接着出版企业和零售商,对上游出版企业提供市场信息服务、物流服务和资金流转服务。但是随着电商的发展,传统图书中盘已经无法对出版企业提供有效的服务了,特别是无法提供有效的信息服务。图书电商占领图书市场的高地(零时空)后,传统图书中盘对零售书店的市场服务也骤减。

(二)大数据环境下新型图书中盘对图书市场应有的功能

1. 具有传统图书中盘的功能

新型图书中盘应该继承传统图书中盘的基本功能。虽然图书传统销售网络受到电商的严重冲击,但是国有新华书店的整个框架还存在,这就意味着传统图书中盘服务对象依然存在,因此新型图书中盘一旦设立,传统图书中盘的功能仍然可以发挥作用。

一般情况下,图书中盘在图书交易活动中信息灵通,办事快捷,服务周到,对供需双方的服务具有很大的灵活性和独到之处,能够促进图书交易的完成,起到媒介的作用。图书中盘的作用包括:商务流通功能、物品流通功能、资金流通功

能、信息流通功能、经营支持功能和服务支持功能。

2.具有大数据服务功能

新型图书中盘除了具有传统图书中盘的功能以外,还应该具有大数据环境下特有的大数据服务功能,将数据作为战略资源。首先,新型图书中盘可对传统图书中盘所具有的功能进行换代升级,使中盘功能更加智能,具体表现形式是数据化。其次,新型图书中盘在大数据环境下还具有数据收集、数据清理、数据存储、数据挖掘、数据分析、数据经营、数据支持等功能。

数据收集是指新型图书中盘利用自身特殊的市场地位分门别类地收集各种市场数据,其中包括出版企业的数据,零售商、作者、读者的全方位的数据。数据清理就是对收集来的数据进行初加工,然后存储到数据库中。数据分析和挖掘就是图书中盘受出版企业或者零售书店的委托,利用各种数据分析工具对清理后的数据进行深度分析,然后将数据分析结果反馈给委托方。数据经营就是新型图书中盘利用自身的数据资源优势和技术优势为上下游企业提供数据支持服务,利用大数据全面支持它们的经营活动而获得服务收益。

对于出版企业而言,新型图书中盘可应用数据分析结果帮助其分析市场、预测市场、策划选题、预测印数、提升营销策略、优化营销团队等,以全面提升出版企业的经营水平。同样,新型图书中盘也对下游零售商、作者和读者提供相应的大数据服务,还可以对作者和重要读者提供重点服务。

新型图书中盘具有图书电商的商业功能,这是不可或缺的功能,这样出版企业可以直接与读者建立关系,获得读者的一手消费数据,精确预测市场趋势、图书首印数等。

新型图书中盘应用各种新技术,可以实现较高的智能化,帮助出版企业实现按需印刷和按需出版,实现零库存、优化自动印刷点和物流配送布局等功能;收集读者信息,向读者精准推送广告;向零售商推送零售店附近潜在顾客和读者的消费倾向,帮助零售商实现精准营销,避免多余备货。

(三)大数据环境下图书市场呼唤智慧图书中盘的诞生

智慧图书中盘是大数据环境下的智能化图书销售服务中介平台,对上连接各个出版机构,对下连接零售商和读者,中间连接物流服务机构和印刷企业。智慧图书中盘相当于图书市场中枢神经系统,几乎所有的市场活动都通过大数据和人工智能来安排,将图书市场的各个参与主体连结为一个有机的整体。

当前,市场环境的变化和技术进步使得图书市场发生了巨大变化,而图书市场需要智慧图书中盘的建立。

1. 出版企业对设立智慧图书中盘的需求

出版企业已经意识到大数据对于提升企业的经营管理水平、市场营销水平,优化管理团队,发现销售人才,精准分析市场等的重要性,对大数据管理的需求更为迫切。大数据管理不仅是一个概念,更是一项技术,而大多数出版企业除了没有技术人才外,还没有技术设备。如果采用大数据管理企业,那么就要做技术上的、人才上的和资金上的准备,这对于众多出版企业而言,显然是一件不可能完成的或者经营风险巨大的事情。如果每个出版企业都独立建立自己的大数据管理机构,那么也会造成巨大的社会浪费。因此出版企业需要一个能够为它们专门提供图书大数据服务的企业,来帮助它们提高企业的管理和运营水平,而且这个企业还应具有获取数字资源的先天优势,而这个企业非图书中盘不可。因为只有图书中盘才具有获取上下游企业市场数据的优势。我们把能够为图书出版企业提供大数据服务的图书中盘称为智慧图书中盘。

之所以称为智慧图书中盘,一是因为大数据本身就含有人工智能的成分,二是因为新型图书中盘的很多方面都表现为智能化,例如图像识别、语音识别、物流最优配送、全自动印刷布局、图书市场精准预测、读者消费习惯精准挖掘、读者全自动购书流程。事实上,人工智能本身就是大数据的一种表现形式,例如图像识别、语音语义识别等人工智能用到的深度学习模型都是以大数据为基础的。

2. 智慧图书中盘是出版业生产力发展的客观要求

随着我国经济发展水平和人民生活水平的提高,人们对图书内容的需求越来越丰富、品质越来越高、种类也越来越多,对出版企业生产的内容质量要求也越来越高。如何高效生产高质量的内容产品呢? 出版企业借助大数据技术可以有效地提高产品的内容质量。例如大数据技术可以帮助出版企业提高策划选题质量,辅助编辑提高图书的编校质量和生产效率,发现优秀作者,增加优秀作品稿源,提高营销效率,降低库存成本(甚至实现零库存),发现市场趋势,精准捕捉市场机会,这些都体现了大数据技术是解放出版企业生产力的重要手段。可见,出版企业需要智慧图书中盘提供大数据服务,智慧图书中盘是解放出版企业生产力的客观要求。

3. 智慧图书中盘是图书产业链不可或缺的一环

互联网让图书销售实现了零时空,电商介入图书市场缩短了图书产业链。

图书电商直接将出版企业和读者连接起来,绕过了传统图书产业链中的中盘和零售书店,导致图书中盘功能丧失,零售店业务受阻,传统图书产业链断裂。图书电商似乎承担起了图书中盘的功能,而事实上并非如此,原因如下。

(1)电商不能承担图书产业链上下游联络服务的义务和责任。电商的主要业务是销售商品,利用线上图书销售零时空性的便捷获得大部分的零售份额,但其仍是一个图书销售商、图书搬运工,本身并不承担为出版企业提供市场信息服务的义务和责任。

(2)图书电商与出版企业分属不同的平台和系统,因此图书电商所收集的读者的信息、图书销售数据不易共享,易形成数据孤岛,不能为出版企业提供大数据服务。

(3)图书电商涉足图书产业链上游业务出版图书,出版企业又投入精力做营销,这容易使图书市场出现混乱。

事实上,从图书业的特点来看,中盘依然是图书产业链重要的一环,具有不可替代的作用。在大数据环境下图书中盘需要升级换代,而不是退出,不仅要升级传统图书中盘的功能,而且还要具有为众多出版企业提供大数据服务的能力。智慧图书中盘是一个全新意义的中盘,能够理顺市场各种关系,帮助出版企业重塑辉煌,承担起繁荣我国文化市场的重大社会责任,为社会主义文化产业发展保驾护航。

4. 智慧图书中盘是打破图书市场区域壁垒的神器

我国传统的图书市场基本上是以省域划分,呈现“诸侯割据”的局面,每个省(区市)都成立了自己的文化产业公司独立运作。电商培养和利用了消费者偏好网购零时空的消费习惯,似乎打破了地域壁垒。事实上电商只是自发地、部分地、无计划地做了一点打破图书销售地域壁垒的事情,“诸侯割据”状态依然存在,特别是在图书市场领域。智慧图书中盘不仅具有电商功能,而且具有理顺图书产业链关系让整个图书市场有效运作的功能。智慧图书中盘不仅可以让消费者购买到自己想要的图书,而且可以有效打破图书市场的地域壁垒,繁荣整个图书市场。

不同于普通的电商,智慧图书中盘是为出版企业提供服务的企业,与出版企业有着天然的联系。一旦智慧图书中盘建立,各个出版企业将与图书中盘签订协议,普通电商将会失去价格优势。另外,智慧图书中盘会逐渐利用强大的推荐功能将图书精准推荐给读者,还可以利用社会网络发现潜在读者。智慧图书中盘的即时精美印刷和快捷物流对消费者也有着巨大的吸引力。

总之,打破图书市场区域壁垒有利于图书市场的健康发展、图书出版资源的优化配置、文化市场的繁荣昌盛。

5.图书版权保护呼唤设立智慧图书中盘

图书版权侵权一直是图书出版业的顽疾,纸质图书被侵权,电子图书更是深受其害。智慧图书中盘的设立将会使这一顽疾得到根治,因为大数据可以即时发现图书版权的侵权行为,无论是线上侵权还是线下侵权,都逃不过大数据的法眼。另外智慧图书中盘可设立图书版权侵权应急机构来专门处理侵权行为,震慑侵权者的违法行为。

6.智慧图书中盘是图书出版业繁荣的"定海神针"

近些年,图书出版业的发展没能跟上技术发展的潮流。出现这种情况的根本原因是大多数出版企业只是专门的内容生产者,对信息技术在出版业的应用反应迟钝,特别是21世纪代表信息技术的互联网成为各行各业应用的市场主流技术之后,传统图书出版业的发展便开始力不从心,代表性事件是电商对图书零售市场的入侵。近几年人工智能、云计算、区块链、大数据等信息技术的井喷式发展更是让图书出版业陷入迷茫。出版企业看到这些技术对图书出版业发展进步非常有价值,但又无从下手。这是因为和这些技术相关的资源如技术、人才、资金等无一是出版企业的优势,出版企业要应用这些技术是何等困难。

如果要让图书出版业繁荣、健康发展,出版企业专注于内容生产,那么就需要一个能够为图书出版业提供相关技术的专门机构,智慧图书中盘成为首选。智慧图书中盘承担起将最新技术应用到图书出版业的重任,可设专门机构研究,或引进、消化、吸收新型技术,并将其应用到出版产业中。出版企业可以接受智慧图书中盘提供的各项服务并付相应的服务费。这样出版企业就可以专心从事出版事务,提高内容质量,增加品种,提高效率,保证我国图书出版业繁荣昌盛、健康发展,达到多赢的目的。

由此可见,智慧图书中盘是出版业应用新技术的提供商,使出版业免受外来技术冲击,是出版产业健康发展的"定海神针"。整条出版产业链的各个环节中只有图书中盘是对外交换的窗口,其他环节都是封闭的。如果智慧图书中盘的技术更新赶不上时代的步伐就会让整个出版业陷入被动,如传统图书中盘的退化就是一个例子。

二、建立智慧图书中盘的可行性分析

建立智慧图书中盘需要软硬件系统的支持,需要管理人才、技术人才,需要政策、战略智慧的支持。政策、人才、战略等方面都与对该问题的认识、决策有关,需要管理者的智慧,下面我们主要从技术方面分析建立智慧图书中盘的可行性。

(一)智慧图书中盘的硬件支持分析

智能硬件是以平台性底层软硬件为基础,以智能传感互联、人机交互、新型显示及大数据处理等新一代信息技术为特征,以新设计、新材料、新工艺硬件为载体的新型智能终端产品及服务。智能硬件是大数据的基础,是数据的出入口。随着技术升级、关联基础设施完善和应用服务市场的不断成熟,智能硬件的产品形态从智能手机延伸到智能可穿戴、智能家居、智能车载、医疗健康、智能无人系统等,是信息技术与传统产业的结合点[1]。智能硬件是继智能手机之后的科技概念,它通过软硬件结合,对传统设备进行改造,进而让其拥有智能化的功能。智能化后的硬件具备连接能力,可实现互联网服务加载,形成云端典型架构,具备了大数据的附加价值[2]。

1. 数据应用历史回顾

企业从数据获得收益已经有较长的时间。数据技术的发展可分为三个阶段。第一阶段是数据仓库时代,以大型国有电信企业和银行为代表,整合分析企业内部的交易数据,形成企业内部的数据仓库。这些数据应用于企业资源计划(ERP)和客户关系管理(CRM),在一定程度上帮助企业决策。第二阶段是 Web 2.0 时代,有实力的互联网公司,如百度、腾讯、雅虎等,除了整合企业内部数据外,还用网上的点击数据流做大数据分析,向用户做精准推荐。第三阶段是物联网时代,可穿戴设备、智能家居等智能硬件的大量使用再一次扩充了数据的范围。智能硬件可以采集到用户的语音、社交的状态、行为轨迹、交易数据等。这一阶段数据的产生速度和数量级远超前两个阶段,数据存储和分析技术也得到非常大的进步。在物联网时代,大数据能够做到场景化推荐,知道消费者的详细情况,结合消费者历史数据,推荐更加精准。在第一、第二阶段,出版企业没有跟上时代的步伐,第三阶段,出版企业不可再次丧失机会,大型智慧图书中盘是解决问题的有效方法和途径。

2.智能硬件与消费者行为数据采集

智能硬件可以收集到消费者的行为轨迹信息。企业可以利用免费 WiFi 采集消费者的行为数据,捕捉到消费者在每一家店里的行为轨迹,如停留时间、消费偏好等。移动终端如苹果系统和安卓系统可以通过蓝牙来采集消费者的行为数据,对其进行个性化推荐。智能摄像头可以甄别用户,感应用户的行为轨迹。智能手机在用户刷卡瞬间将交易数据上传到云端。智能硬件不仅是产生大数据的源头,而且还可以调用消费者过去的数据,进行实时分析,将大数据平台分析的最新结论发给管理者或者销售人员。通过这些智能设备,企业就能掌握消费者的消费水平、习惯、偏好,对其进行个性化管理。

3.智能硬件与数据安全

物联网时代,智能硬件是大数据的入口,也是出口。消费者的个人信息、行为数据和消费数据等都被企业采集、整合分析,在方便企业营销、赢得先机、增加收入的同时,数据安全是企业考虑的重点。数据安全是指网络、接口等技术安全问题,以及企业内部的数据管控问题。网络基础设施安全是数据安全最为重要的部分,常常由于基础网络受到攻击、应用授权或管理员授权被盗取而造成数据丢失。智能硬件与互联网及云端进行数据交互传输要经过各种接口,接口也是数据安全重点防范的地方。例如手机应用上软件开发工具包(SDK)的安全性决定着数据会不会在本地被盗取。智能硬件是数据采集端,其安全性需要设置特别验证,可以实现自我检查、自动升级。另外,在数据上传到云端时,云端和客户端的接口也需要防攻击、防篡改、防模拟登录,这些保障必须测试有效。事实上,大数据是数据安全最为重要的武器,可以实时对违法数据进行监控,一旦发现异常数据,可迅速报警并进行反击。

4.大数据服务器[3]

图形处理单元(GPU)在执行数学和几何计算方面具有天然的优势,是图形渲染所必需的。近年来,随着 GPU 运算速度的大幅提升和可编程性的快速发展,GPU 更加方便快捷,已经不再限于图形渲染任务。人们逐渐将 GPU 作为通用计算加速器,以满足快速运算的功能需求。现在服务器内存和硬盘的容量逐渐增加,主流的内存可高达 192 GB,硬盘可挂载 48 TB。越来越多的内容在计算过程中被直接缓存,而不需要存储到本地硬盘中,实现了大数据内存计算的伟大愿景。Spark 将 MapReduce 的中间结果存储到内存中,而不是暂时存储到硬盘中,从而不需要读写分布式文件系统(HDFS),使得 Spark 能更好地适用于数据挖掘与机器学习等这些需要迭代的 MapReduce 算法,极大地提高了迭代效率。这归功于如今内存成本的降低和内存容量的增大。固态硬盘(Solid State Drives,SSD)相比传统的机械硬盘,读写速度更快,几乎没有寻道时间,持续写入的速度十分惊人,而且价格低廉。在通信方面,远程直接存储器访问(Remote Direct Memory Access,RDMA)技术,可以解决网络传输中的延迟问题,增大数据的吞吐量,使传输的开销与带宽最小化[4],促进了大数据技术的发展。弹性的网络拓扑结构可以灵活调整网络吞吐量,从而更好地适应大数据分析应用。

总而言之,大数据与智能硬件的联姻成为市场营销新的利器,大数据和智能硬件的结合可以让销售人员的眼睛更亮,耳朵更灵,可以迅速了解消费者,为消费者打造个性化的定制服务。智慧图书中盘的建立需要大数据,大数据需要智能硬件和处理大数据的服务器。智能硬件为智慧中盘提供消费者的行为数据,大数据服务器为智慧中盘分析数据、为出版企业决策提供参考。因此智能硬件和大数据服务器为智慧图书中盘的建立提供了硬件上的支持和保障。

(二)智慧图书中盘的软件技术系统支持

1.大数据分析架构

Apache Hadoop[5]作为一款开源的存储与处理大数据的系统框架,能够解决传统数据仓库所带来的问题。Apache Hadoop 是分布式数据处理中最著名的一款软件框架,实现了一种编程范式 MapReduce,开发人员可以较容易地开发分布式应用。Hadoop 框架包括 MapReduce,分布式存储 HDFS 和一些相关的项目(如Hive、HBase 等)。HDFS 为海量的数据提供了存储,提供了各类接口使文件系统易于操作,基于流式的数据访问模式便于处理超大文件,还可以运行在廉价的机器上。HBase 是 Hadoop 下的一款基于 HDFS 的可扩展的分布式数据库系统,可以通过 MapReduce 以 Key-Value 的方式实时查询,也可以利用 MapReduce 对数据进行离线处理[6]。HBase 可以存储海量数据,并被高效地并发访问。HBase 具有如下优点:高扩展性,是真正意义上的线性水平扩展;高性能,支持高并发用户数的高速读写访问;高可用性,建立在 HDFS 上的应用,HBase 的日志和数据都存放在 HDFS 中,具有自动复制与容错能力。Hive 是一款建立在 Hadoop 上的数据仓库,是 Hadoop 顶层的数据仓库,有如下特点:面向海量数据、灵活的可扩展性、高度的容错性。更为重要的是 Hive 依赖于 HDFS 和 MapReduce,并提供了一种类似 SQL 的查询语言,它允许传统的数据库管理人员通过类似 SQL 语法来查询数据[7]。

1)Spark 大集群分布计算

Apache Spark 是一款针对大数据处理的集群计算框架,与 Hadoop MapReduce 计算框架有许多相似之处,能很好地与 Hadoop 相结合。Spark 广为人知的特点是能在不同的作业之间操作一大块内存空间,这使它比从硬盘中交换数据的 Hadoop 工作方式更好,非常适用于迭代算法的并行处理和交互式分析。弹性分布式数据集(Resilient Distributed Datasets,RDD)是 Spark 一项最具特色的核心技术,能在较大的集群中实现分布式计算,同时又有很好的并行性和容错性,以内存为介质记录中间结果,能够有效减少读写操作,从而解决机器学习算法在分布式计算中的瓶颈问题。RDD 是一个容错并行的数据结构,任何数据在 Spark 中都被表示为 RDD,是一种内存共享模式。Spark 内核在处理数据过程中采用"懒加载"方式,在这种方式下 RDD 的一系列转换操作不会立即执行,而是生成一张关于计算路径的有向无环图,仅记录了 RDD 的生成和依赖关系,当需要输出或进行操作时才会进行计算。Spark 同时也提供了许多内置的数据分析工具,例如机器学习库(MLLib)、图计算库(GraphX)、流处理(Spark Streaming)和 Spark-SQL 等[8]。

2)Storm 分布式实时处理

Storm 是一款最早由 BackType 公司(已被 Twitter 公司收购)开发的分布式实时计算系统,可以采用任意编程语言编写,克服了 Hadoop 不适用于实时处理的缺点。Storm 为分布式实时计算提供了一组通用原语,用法与 Hadoop 类似,被称为实时计算版的 Hadoop。在用于流处理时,它可实现实时处理消息并更新数据库。在 Storm 中,任务拓扑是逻辑单元,每个任务拓扑是由一列 Spout 和 Bolt 构成的有向无环图。Spout 是消息产生者,负责从外部数据源读取数据,并通过使用元组数据结构将中间结果传给 Bolt。Bolt 处理数据,负责对中间数据进行过滤、聚合等转换,也可发送到外部的数据流中。Storm 的编程模型十分简单,开发人员只需要编写 Spout 与 Bolt 的任务就可以实现对流数据的处理。

3)Petuum 机器学习分布式平台

机器学习是大数据分析的重要工具,如分类、聚类、回归分析、支持向量机、神经网络等都是机器学习,它们具有如下特点:容错性,即某些节点计算产生的偏差不会影响某些模型的最终收敛结果;动态结构依赖性,各个节点的计算并不独立,参数之间的相关性对并行效率影响巨大;参数收敛具有不均匀性,有些参数收敛速度较快,而有些参数收敛较慢[9-10]。但对机器学习而言,Hadoop 没有对数据的迭代计算做有效的优化。Spark 作为新一代的 MapReduce 并行计算平台,虽然采用了 RDD 技术使计算更加高效,但它并没有提供一个较好的节点调度机制。此外,由于 Spark 是基于数据流的并行计算,在执行机器学习算法时,节点之间的通信会耗费较多时间[11]。

Petuum 是一个专门针对机器学习的分布式平台,它的设计充分考虑机器学习算法的特点。Petuum 主要解决了两类机器学习在规模上的问题,一个是大数据,一个是大模型(包含大量参数),处理这两类问题分别用数据并行算法与模型并行算法。数据并行算法是指大数据集可以被切分成多个小块并分配到工作节点中进行处理。而模型并行算法学习的参数较多,需要将不同参数的学习分配到多个工作节点中,而且不同参数集的学习具有一定的独立性。

由此可见,以上软件技术为智慧图书中盘的建立提供了充分的软件系统支持和保障。

2. 智慧图书中盘商务智能支持

大数据是信息产业增长新的动力,运用大数据已经成为提高企业核心竞争力的关键因素之一,出版企业的战略决策也应该从过去的业务驱动转为未来的数据驱动。近年来,出版行业面临的形势日益严峻,库存过剩、资金紧张、需求与供给错配、企业配置效率不高、经营模式混乱、经营逻辑不清等问题成为出版行业顽疾[12]。在这样的背景下,出版产业链中出版企业、中盘、经销商,甚至零售书店都欲通过互联网拓展市场,在竞争中获胜。大数据正在改变着图书销售领域,对图书行业带来了革命性改变,并影响到整个图书产业链的格局。

1)图书电商需要大数据

图书电商的发展为大数据的应用提供了更充分的条件。电商通过网络可以实时关注各种图书的交易情况,还可以获取读者的信息及其行为数据,从而为企业决策或营销提供精确预测。大数据已经是企业的核心竞争力。对于大多数出版企业而言,企业自身的运营和维护是大数据最核心的应用领域。出版企业过去主要利用商务智能系统分析来自图书生产经营中的各种数据,随着大数据时代的到来,来自互联网、物联网海量的读者数据汹涌而至,但目前这些数据基本都被大型电商、出版集团所拥有。众多中小型出版企业也想挖掘和利用这些数据来提升运营效率,但无法实现。一方面中小型出版企业缺少大数据技术和人才,另一方面数据资源处于不同的系统之中,彼此不兼容,难以直接应用。智慧图书中盘不仅占有数据资源而且还有大数据技术、人才资源和资金优势。因此,市场需要大数据图书中盘(智慧中盘)来帮助出版企业实现大数据经营。

2)大数据对商务智能的提升

商务智能是面向企业多个管理级别的经营分析系统,它使企业专业化管理,对企业管理信息进行数字化、形象化、直观化、具体化,能够辅助出版企业高层进行管理决策[13]。时代的发展迫切需要大数据分析技术能够帮助企业制定更好的商业决策。目前商务智能系统作为企业支撑系统的核心,为企业的决策层、管理层和操作层提供了重要判断依据。

大数据与商务智能的区别主要体现在数据量、信息结构、信息源和使用的技术等方面。商务智能的数据规模一般为 TB 级,而大数据常为 PB 级,甚至为 ZB 级。从信息结构上看,商务智能只能处理数据仓库系统的结构化数据,而大数据能对非结构化数据进行处理,包括来自社交网络、智能硬件等的非结构化数据。从信息源来看,商务智能数据源来自业务运营系统、企业管理系统等,如采购、销售、库存、财务等企业内部数据。大数据来源于互联网、智能硬件、电子商务等外部交互数据。在处理技术上,大数据比传统商务智能更完善,采用的是并行、实时的大规模处理技术。

大数据是对出版企业商务智能系统的一个有益补充,但并不意味着它可以取代商务智能系统,大数据可以帮助商务智能系统验证其数据结果,进一步提高企业决策的效率,使商务智能系统更有利于出版企业发展。商务智能系统在处理结构化的企业内部数据上有优势,大数据技术在处理外部的非结构化的数据上有优势,出版企业不必放弃原有的商务智能系统,大数据技术在企业商务智能系统的基础上利用原有数据可以更好地发挥作用。因此,智慧图书中盘的建立需要商务智能系统支持,也需要大数据的技术系统的支持,二者缺一不可。

3.智慧图书中盘的人工智能支持分析

人工智能是用于模拟、延伸和扩展人的智能的理论、方法、技术及应用的一门新的技术[14]。人工智能是对人的意识、思维的信息过程的模拟,是计算机科学的一个分支,它企图了解智能的实质,并生产出一种新的能与人类智能相似的方式作出反应的智能机器,该领域的研究包括机器人、语言识别、图像识别、自然语言处理和专家系统等。人工智能从诞生以来,理论和技术日益成熟,应用领域也不断扩大。

2006年,人工神经网络专家杰弗里·辛顿(Geoffrey Hinton)发明了深度学习算法,标志着人工智能进入一个新的时代。随着人工智能在语音识别、语义识别、机器视觉、图像识别等领域的技术突破,人工智能技术正逐渐在出版业的内容生产、企业经营等领域得到应用,如人工智能可应用于写作(如微软小冰[15])、推送个性化信息[16]。人工智能对出版传统商业模式的影响,目前来看主要在辅助写作方面[17],人工智能也已用于出版企业的生产经营活动[18]。未来使用聚合数据,出版流水作业能让出版机构根据读者想要的东西,作出更理性、更明智的决策。

人工智能可以帮助人们从大量枯燥无味、频繁重复的工作中解脱出来,可以更好地帮助企业决策、解决所遇到的各种生产经营问题。如前文所述,彭特兰的智慧社会是人工智能和大数据技术应用的结果,同样人工智能也改变着出版流程,主要表现在智慧选题策划、智能编辑、智能排版、智慧物流、智慧销售等。出版流程的智能化离不开人工智能的应用,而人工智能又离不开大数据的支持。可见出版企业若要使用人工智能辅助经营,就需要人工智能的技术和人才支持,而一般出版企业又没有这样的资源和资金。能为众多出版企业提供人工智能支持服务的只能是有实力的企业,因此人工智能在出版业的应用也呼唤智慧图书中盘的设立。

三、智慧图书中盘的候选者优势分析

目前,由于电商进入图书市场,交易量大多发生在网上,与出版企业合作的传统图书中盘基本丧失了中盘职能,退化为图书销售商,丧失或者弱化了图书发行、图书物流、信息传输、资金流通、经营支持的功能,其地位基本被大型电商所取代。出版企业作为图书产业链的顶端不可能从市场消失,而出版企业发展壮大需要大数据服务,需要云计算、人工智能的支持,但是从目前来看多数出版企业没有财力、技术和专门人才去建立自己的商务智能平台、人工智能平台和大数据营销平台,需要专门的企业来提供这样的服务。我们希望这里提供大数据服务的企业不仅具有传统图书中盘的功能,而且还具有提供数据分析、数据管理、数据

挖掘、智能营销、智能策划选题、智能编辑、智能设计等服务。那么什么样的企业未来有可能成为智慧图书中盘呢？我们认为有三种企业未来可能成为智慧图书中盘，分别是大型电商、大型传统图书中盘、上市出版集团。

（一）大型电商成为智慧图书中盘的优势

1. 数据优势

大型电商已经经过了基于用户数量和销量的时代，目前大型电商市场交易处于基于数据的时代，电子商务的竞争在很大程度上就是大数据的竞争。由于电商平台所产生的巨大信息量及其所收集到的消费者和用户的信息具有真实性、确定性和对应性，因此电商具有利用大数据的天然优势。

2. 技术优势

大数据的应用将贯穿整个电商的业务流程，成为公司的核心竞争力。随着电商企业对大数据的挖掘、分析和对大数据的实际应用，电商在大数据技术掌握和使用方面也日臻完善，在大数据、人工智能、商务智能等技术方面有着先天的优势。

3. 人才优势

大型电商对大数据人工智能、商务智能技术不断使用和完善的同时，培养了相当多的技术人才和业务人才，因此大型电商成为智慧图书中盘有着人才的准备和优势。

4. 资金优势

现在电子交易市场发达，绝大多数交易发生在网上，大型电商占据了绝大部分市场份额，资金流充足。另外优势资本也看好电商的市场前景，大型电商若融资相对比较容易，因此大型电商成为智慧图书中盘上有着资金方面的优势。

（二）传统图书中盘成为智慧图书中盘的优势

传统图书中盘虽然目前退化为大型图书销售商，但是在未来成为智慧图书中盘的优势还是很大的。

1. 继承优势

传统图书中盘成为新型智慧图书中盘具有天然的继承优势。只要有足够的资金和大数据战略布局，传统图书中盘发展为智慧图书中盘的可能性就很大。

2. 经验优势

传统图书中盘有着几十年的图书中盘经营历史，中盘经营的经验十分丰富，对其转型为大型智慧图书中盘非常有利。

3. 业务优势

传统图书中盘业务以提供图书经营服务、物流服务、金融服务、信息服务为主要业务,对上业务对象是各出版企业,对下业务对象是零售书店,对上对下签订服务合同基本上无谈判成本。因此传统图书中盘未来成为智慧图书中盘有着天然的业务优势。

4. 渠道优势

传统图书中盘图书营销渠道完整,已形成良好的图书营销渠道闭环,在图书营销渠道上有着得天独厚的优势。传统图书中盘在营销渠道的各个环节营销经验丰富,这是电商所没有的,因此传统图书中盘未来成为新型智慧图书中盘有着营销渠道上的优势。

5. 制度安排优势

我国出版业实行审批制,出版企业不仅要向图书等出版物要经济效益,更以社会效益为首,承载着社会价值,传播知识文化,宣传社会主义核心价值观。出版业与我国文化产业制度息息相关,大型传统图书中盘有传统体制上的优势,与出版企业和零售书店有着天然联系,在图书渠道上号召力很强,因此它成为智慧图书中盘的优势非常大。

(三)上市出版集团成为智慧图书中盘的优势

上市出版集团经过多年的改制发展,整合地区性出版资源,成为有实力的企业,它们要成为服务一方,开展智慧图书中盘业务也有着自己的优势。

1. 全产业链优势

各地的上市出版集团在本地图书市场有着完整的出版产业链,从出版企业到末端零售书店都是这些出版集团的资产资源,从图书的生产、物流、销售到服务全产业链布局,特别是在教育图书市场,这样的优势是电商所没有的。

2. 体制优势

上市出版集团大都是各地新华书店体系整合转制而成的大型出版集团,受体制保护,和政府关系密切。上市出版集团一般都是按照现代企业制度经营企业,它们不仅有制度安排上的优势,还可以按照市场规律灵活经营。当它们发现市场有着强烈的大数据服务需求时,如果预测大数据服务有好的收益,受利益的驱使,它们就会自动投资大数据服务。

3. 市场优势

每一个上市出版集团都拥有丰富的地区图书市场,在这些地区有强大的市场优势,特别是教育图书市场。

4. 资金优势

上市出版集团在资金方面有一定的自由度,只要董事会同意投资大数据服务平台,它们就可以通过自有资金安排,也可以通过增发股份来获得社会资本支持,因此它们在资金方面有很大的优势。

5. 数据资源优势

上市出版集团虽然不像电商那样拥有大量的用户数据,但也具有相当多的上下游数据。虽然上市出版集团的数据在广度上没有大型电商优势明显,但是这些数据也都是来自图书市场,而且是全产业链数据,是上市出版集团的重要资源。这些数据可以成为模拟智慧图书中盘的基础数据和实验数据,因此上市出版集团在数据上为大数据智慧图书中盘的建立做好了先天的准备。

除了我们上面提到的三种企业可能成为智慧图书中盘服务商外,可能还有其他行业的企业看好大数据智慧图书中盘的市场机会,或者是出版行业外的企业与出版企业合作共同建立大数据智慧图书中盘,还有一种可能就是各个图书产业链上的企业共同建立股份制大数据智慧图书中盘。

四、智慧图书中盘的功能分析

智慧图书中盘是在大数据市场环境下产生的,以大数据为基本资产,以大数据分析技术、人工智能、商务智能为技术基础,主营业务有数据收集、数据加工、数据管理、数据经营、数据服务,主要业务对象是图书产业链上下游经营企业,主要有图书发行、图书物流、信息传输、金融支持、经营支持、大数据技术支持与服务、智慧出版支持服务等,如图 7.1 所示。图书发行、图书物流、信息传输、经营支持等都是传统图书中盘提供的服务[19-20],而智慧图书中盘对这些服务赋予新的含义,数据经营、数据管理、数据服务、大数据技术支持服务、智慧出版在线服务将是未来智慧图书中盘的主营业务。下面我们对智慧图书中盘的功能加以分析。

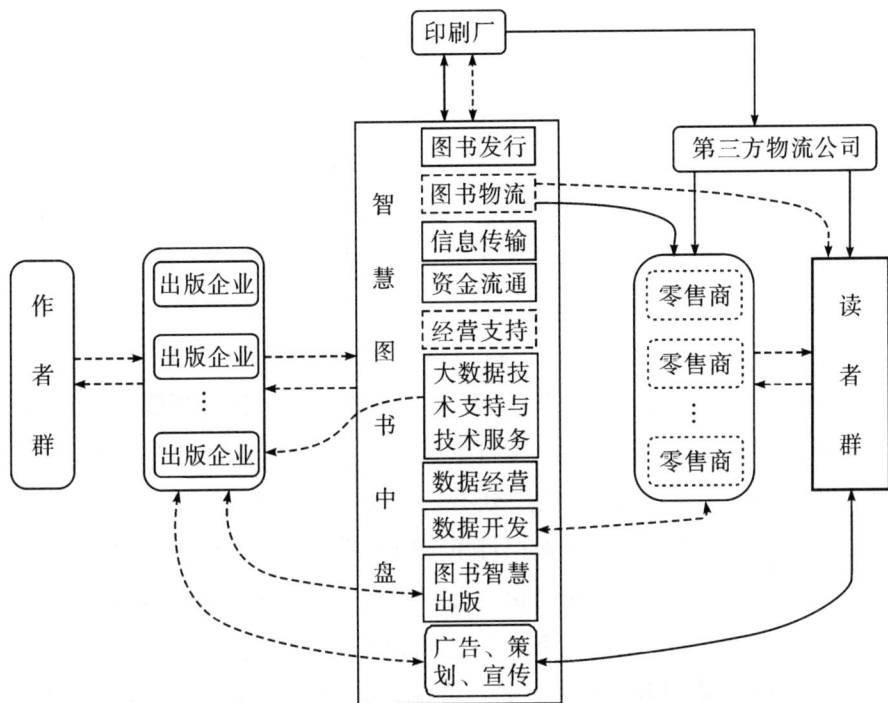

图 7.1　智慧图书中盘示意图（图中虚框是传统图书中盘功能）

（一）智慧图书中盘的主要功能

1.图书发行

智慧图书中盘提供的图书发行服务不仅是传统意义上纸版图书的发行,也包括电子图书的发行及网络宣传等,线上线下同时进行。

2.图书物流

智慧图书中盘物流由专业物流公司完成,物流公司属于智慧图书中盘企业或者第三方物流。物流主要是针对来自零售商、图书馆或个人订单,为此图书定价可以有一些差别。电子图书的订单直接在线上完成。图书物流对于智慧图书中盘而言不是主要的业务。

3.资金流通

由于图书交易无论是线上还是线下都是通过智慧图书中盘进行的,因此智慧图书中盘具有资金流通的功能。出版企业与中盘、中盘与消费者,以及物流公司、印刷商、消费者之间的货币、票据往来都是通过智慧图书中盘进行的。

4. 信息传输

智慧图书中盘的另一个功能就是信息传输。信息传输是多方面的,上游对出版企业,下游对零售商和消费者,而且完全实现自动信息传输。对出版企业传输的信息包括图书内容调用信息、图书销售信息、读者需求信息、市场分析信息、市场预测信息等。当然智慧图书中盘一般会根据出版企业的分类自动将信息传给对应的出版企业。如果出版企业向中盘发出特殊需求申请,那么中盘经过分析整理后形成报告传输给出版企业。智慧图书中盘也提供智慧出版在线服务信息,这类信息辅助出版企业策划选题、辅助编辑、辅助设计、辅助营销等;对下游社会网络中的读者信息进行收集、传输书评、图书广告、读者群服务、图书推介等;对零售商的信息传输基本都是图书经营方面的信息,包括各种图书在当地的销售预测、图书广告、营销指导等。还有就是对印刷商和物流公司的信息传输,印刷商信息是由智慧图书中盘根据订单实时传递,中盘的智能印刷设备根据订购信息从数据库通过人工智能密钥自动调出订购的图书,印刷、装订,分门别类地交给物流公司运抵读者或者零售书店。物流公司根据订单自动优化安排物流,直接从印刷商那里拉走图书。这里强调的是,为了节省物流费用,智慧图书中盘对智慧印刷中心的选址十分讲究,这一切都是靠远程信息传输。

5. 经营支持

智慧图书中盘提供的经营支持服务也是针对上下游企业的,上对出版企业,下对印刷商、物流公司、零售书店。对出版企业的经营支持表现在市场需求预测、图书热点预测、流行趋势预测、图书销售预测、图书的策划选题、书品销售布局、图书推介、图书宣传等,挖掘社会网络中的各种模式,为出版企业提供提升企业社会影响的信息服务。智慧图书中盘根据读者分布合理安排印刷地点,不仅可以节约物流费用,而且还可以提高印刷效益。智慧图书中盘还可以对物流进行合理分配,对物流公司的效益起到很好的支持作用。

(二)智慧图书中盘的大数据功能和服务

1. 大数据技术支持与服务

智慧图书中盘建立的目的就是为广大中小出版企业提供大数据技术支持和服务,避免重复建设,节约社会成本,提升中小出版企业的出版质量和效益。本书只讨论智慧图书中盘对出版企业的大数据技术支持和服务。大数据对出版企业在图书策划、营销、销售预测等方面有着巨大的推动作用。出版企业的社会网商业模式更是依赖大数据的分析和处理,而中小出版企业缺少大数据技术和人才,需要由智慧图书中盘来提供这样的服务。主要包括两个方面:一方面是普通的大数据、人工智能技术在线支持服务;另一方面是出版企业定制的服务,智慧图书中盘根据客户提出的具体要求提供特殊的定制服务,还可以提供技术咨询服务、大数据职员培训服务等。

2. 数据收集、管理、开发与经营

智慧图书中盘的主业就是数据的收集、管理、开发与经营(当然图书发行和销售也是中盘的业务之一)。数据是智慧图书中盘的原材料,是最具价值的资源。数据存储技术、开发技术、人工智能技术、数据挖掘技术、数据再现技术是数据开发、价值增值的技术手段,而数据的经营则是通过必要的技术手段使原始的、杂乱无章的数据变成对图书产业链的上下游企业有用、有价值的数据,智慧图书中盘由此使数据增值并获得收益。智慧图书中盘除了管理企业自身产生的数据和外在数据外,还受上下游企业的委托管理行业数据,并提供各种数据服务。

3. 智慧出版

在图书产业链中,出版是最为重要的环节。智慧出版是指借助人工智能高效地完成出版流程,使出版的各个环节效率更高、效果更好、收益更高、成本更低[21]。智慧出版的出版环节主要包括人工智能辅助策划选题、人工智能辅助编辑、人工智能辅助设计等。多数中小出版企业没有能力建立自己的数据库,因此智慧出版很难在出版企业内完成,需要借助智慧图书中盘提供的在线人工智能辅助出版系统模块来完成一整套的出版流程,因此图书智慧出版也离不开智慧图书中盘的技术支持和服务。

4. 图书版权保护

智慧图书中盘可以利用自身先天的大数据优势,快速地发现图书版权侵权行为,并且移交中盘的侵权应急机构对侵权者付诸法律追究,让侵权者无处遁形,以保护出版企业的版权。

(三)智慧图书中盘的自我代谢和技术创新

智慧图书中盘承担着将最新技术应用到图书出版业的责任,应设置专门机构研发、吸收、开发新型技术,并将其应用到出版产业中,改变出版业经常受产业外部技术进步冲击的状况。由专业的智慧图书中盘为出版业提供新技术应用服务,可以让出版企业专心从事出版事务,提高内容生产的质量、数量和效率,保证我国图书出版业繁荣昌盛、健康发展。

　　智慧图书中盘的功能设计是基于现有的技术和研究的结果,随着科技的发展,智慧图书中盘能为上下游企业提供更多更优质的服务和技术。由此可见,智慧图书中盘是出版业免受外来技术冲击的"铁布衫""金刚罩",又是出版业应用新技术的提供商,起着推陈出新的作用,是出版产业健康发展的"定海神针"。在整条出版产业链中,只有图书中盘是对外开放的,其他环节都是封闭的,如果智慧图书中盘的技术更新赶不上时代的步伐就会让整个出版业陷入被动,给行业外企业可乘之机。

参考文献

[1]安晖,温晓君.中国智能硬件产业发展现状[J].互联网经济,2015(Z2):35-39.

[2]崔伟男.智能硬件产业发展趋势及产业规范化分析[J].电信网技术,2017(2):5-8.

[3]孙仕亮,陈俊宇.大数据分析的硬件与系统支持综述[J].小型微型计算机系统,2017,38(01):1-8.

[4]YU S S. Study on the zero-copy technology based on RDMA protocol[J]. Computer engineering and applications,2004,40(3):126-128.

[5]薛志东.大数据技术基础[M].北京:人民邮电出版社,2018.

[6]GEORGE L. HBase the definitive guide[M]. Newton:O'Reilly Media,Inc.,2011.

[7]ZAHARIA M,CHOWDHURY M,DAS T,et al. Resilient distributed datasets:a fault-tolerant abstraction for in-memory cluster computing[C]. Proceedings of the 9th USENIX Symposium on Networked Systems Design and Implementation,NSDI,2012,70(2):141-146.

[8]林子雨,赖永炫,陶继平.Spark编程基础[M].北京:人民邮电出版社,2018.

[9]XING E P,HO Q,DAI W,et al. Petuum:a new platform for distributed machine learning on big data[C]. Proceedings of the 21th International Conference on Knowledge Discovery and Data Mining(SIGKDD),2015.

[10]焦嘉烽,李云.大数据下的典型机器学习平台综述[J].计算机应用,2017,37
（11）:3039－3047.

[11]XING E P, HO Q R, XIE P T, et al. Strategies and principles of distributed ma-
chine learning on big data[J]. Engineering 2016(2):179－195.

[12]王斌.关于出版业未来发展的10个预判[N].出版商务周报,2018－11－04.

[13]齐伟东.基于传统 BI 系统的大数据分析平台建设[J].中国管理信息化,
2017,20(21):59－61.

[14]黄铂钧.什么是人工智能？[J].科学世界,2014(03):68－73.

[15]袁舒婕.出版是否要步入人工智能新时代？[N].中国新闻出版广电报,
2017－12－28.

[16]刘星辰,许倩.人工智能对新闻出版业态的范式冲击与价值重构[J].科技
与出版,2018(06):140－144.

[17]李钊.人工智能先驱预测未来媒体十大趋势[N].科技日报,2016－10－27.

[18]任晓宁.人工智能技术将重塑出版流程[N].中国新闻出版广电报,2017－
07－17.

[19]周斌.图书市场中盘格局研究[D].南京:南京师范大学,2004.

[20]刘红,张冠勇,李金山,等.图书供应链管理模式的构建与应用[M].北京:
北京邮电大学出版社,2014.

[21]辛闻.方正智慧出版"思享汇"点燃智慧出版新思潮的星星之火[J].出版参
考,2015(10):47.

第八章

出版企业社会网商业模式与
智慧图书中盘的再分析

一、社会网商业模式与智慧图书中盘的大数据协同

（一）社会网商业模式是大数据的产物

我们之前讨论的出版企业的社会网商业模式,事实上对任何企业都适合。社会网商业模式的核心是企业经营社会正向影响,凭借长久获得的正向社会影响来赢得市场,赢得消费者,从而获得高于市场收益的高额附加价值。即便在以前,一个企业的社会影响也是非常重要的,只是过去一个事件的社会影响传播范围比较有限,速度也比较慢,社会影响没有受到企业足够的重视,或者说没有提到企业战略的高度。但是在大数据环境下,一个事件发生后传播的速度快、范围广,社会影响更深。更为重要的是,一个事件一旦发生,大数据可以还原事情发生的真貌,使事件主体无法隐藏、无处遁形。当一个事件对企业具有负面影响时,对于事件企业而言,将是灾难性的。因此,在大数据环境下,任何企业做任何事情都要认真对待,"勿以恶小而为之,勿以善小而不为",做每一件事情都要对社会负责、对企业负责、对员工负责,因为稍有不慎就会对企业的商誉造成无法挽回的损失。在大数据环境下,"好事不出门,坏事传千里"的效果更加明显。

另外社会网商业模式还体现在"社会网"上,社会影响的传播是以互联网为物理架构所形成的社会复杂网络。网络的每一个节点可以是个人、团体或企事业单位,每一个节点每天的行为都会被记录,而大数据资源正是这些节点所产生的各种数据,大数据环境事实上就是由这些数据形成的复杂社会网络。出版企业采用社会网商业模式除了经营好正向社会影响外,还要利用这个网络发现商机,提高企业的经营管理水平,管理客户,实现以客户为中心的价值,即通过满足

客户需求来最终实现自身价值。在大数据环境下,企业的价值隐含在企业长久形成的正向社会影响中,好的社会影响可以为企业赢得更多订单,使企业受到客户或者消费者的青睐,加快企业价值的提升,进一步扩大企业的社会影响,形成良性循环。大数据技术让企业从社会网络中获得价值的提升,即社会网在大数据技术条件下具有更多的商业含义,才能成为商业模式,企业才会采用社会网商业模式。

(二)出版企业社会网商业模式与智慧图书中盘的大数据协同

社会网是大数据和云计算相互融合的产物。通过前面的讨论我们得知,无论是出版企业的社会网商业模式还是智慧图书中盘都建立在大数据分析技术的基础上,没有大数据分析技术就没有大数据称谓,当然社会网商业模式和智慧图书中盘也就无从谈起。因此,出版企业的社会网商业模式和智慧图书中盘是大数据协同发展的产物。这种协同包含着两对供给和需求,如同生物界里的共生现象,相互依存。出版企业的需求是大数据服务、图书销售服务和版权保护服务,这些都由智慧图书中盘提供。智慧图书中盘的需求是优质内容,这由出版企业提供。智慧图书中盘通过

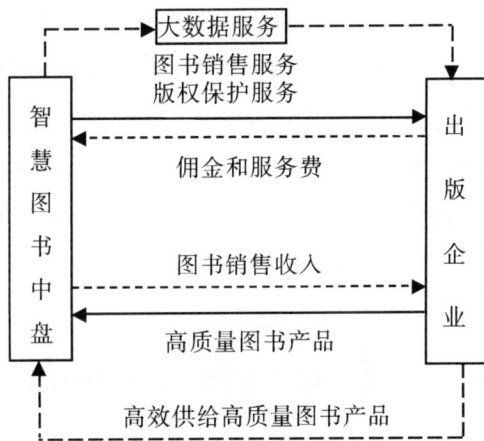

图8.1   出版企业与图书智慧中盘大数据
协同关系示意图

为出版企业提供服务赚取相应的大数据服务费和佣金;出版企业通过智慧图书中盘提供的大数据服务提升自身的经营管理水平,从而获得比以往更多的图书销售收入和利润回报。事实上,大数据不仅会提高出版企业经营管理水平,而且会提高智慧图书中盘的经营管理水平。智慧图书中盘帮助出版企业实现社会网商业模式,提升出版企业的社会影响,扩大出版企业的利润回报,反过来也会增加中盘的收入,获得双赢的效果。因此智慧图书中盘和出版企业是协同发展的关系(图8.1),而不是竞争关系。

二、大数据环境下的图书产业链分析

我们前面几章主要从出版企业社会网商业模式和智慧图书中盘两个方面讨论图书出版的创新变革,上一节我们讨论了二者在大数据环境下的协同发展关系。在图书产业链中,出版企业和图书中盘是图书出版产业链的核心环节,下面我们从图书出版产业链的视角来分析大数据环境下出版业未来可能的发展路径。

(一)图书产业链结构变迁

从目前图书出版运行的态势和未来发展来看,图书产业链呈现两种结构并行的混合市场状态。一种是短结构型"作者－出版企业－图书中盘(电商)－读者",另一种是长结构型"作者－出版企业－图书中盘－零售商－读者"。目前短结构型图书产业链的状态是"作者－出版企业－电商－读者",电商在市场处于核心,占据优势;长结构型图书产业链就是传统的图书产业链,由于电商的强势市场地位使得图书实体零售业萎靡,目前处于弱势地位。虽然促进图书业升级的信息技术不断进步,但图书产业链基本结构没有发生变化,依旧是目前的长、短型两种结构。随着大数据等技术在出版业不断应用和深入融合,图书产业链的变化只能是产业链各个环节的内在调节和完善,而不是哪个环节从产业链中消亡。

(二)大数据环境下图书产业链的自我完善

1. 大数据环境下出版产业环节的变化

无论科技发展到何种先进程度,人类文明都离不开图书,离不开出版。无论图书的形式如何变化,图书产业永远会伴随人类文明的发展。在大数据环境下,图书产业链各个环节的作用会发生变化,前面几章部分内容对此虽然有所论述,但论述分散,不够完善,在此须加以深入分析。

1)遴选作者

作者是图书产业链的上游资源,他们不属于任何出版企业,与出版企业只是合作关系。在过去,作者只能是各个领域的名家,作品也都经过出版企业精挑细选。即便如此,大多数图书作品与市场也严重脱节,出版企业虽然也做各种市场调查,但依然无法详细获取读者的消费细节。在大数据环境下,作者作为图书产业链的龙头环节也会发生变化。

在大数据环境下,出版企业对作者选择范围变大了。第一,出版企业除了保留传统的发现优秀作者的方法外,还可以依据大数据发现贴近市场的作者。第二,作者的来源更广了,由于出版形式的多样化,如自助出版、众筹出版等,这些图书的作者并不是由出版企业发现的。第三,作者未必是一个自然人,可以是一个社交群体,也可以是人工智能,甚至可以是一个更为抽象的实体。

依据市场趋势精准发现作者。出版企业可以根据大数据选中符合市场的选题,然后根据大数据技术以较低的成本精准发现作者,这是大数据的绝活。出版企业可以根据大数据技术分析提前做好潜在作者的管理,还可以预测哪些作者的作品可能成为未来市场的流行趋势,甚至可以提供如何将一个潜在作者培养成为名作者的方案。

2)出版企业专注出版

出版企业在大数据环境下的自我完善,我们在前面谈到的比较多,主要是从选题策划、人工智能辅助编辑、人工智能辅助设计、市场营销、团队建设等方面谈了大数据对出版企业业务、管理水平、营销水平的提升。我们这里要说的是在大数据环境下出版企业的定位问题。

出版企业在大数据环境下应该长期专注于某一领域的内容出版,利用社会网的结构特点提高自身的社会影响,经营自己的社会影响,从而获取高于市场平均水平的收益。好的出版内容来自出版企业细致耐心的工作。一个有效的方法就是利用智慧图书中盘提供的大数据服务,根据细分市场中的热点策划选题。一本书的内容选择得好,频频受到市场的青睐,可以大大提高出版企业社会影响,出好书本身也是每一个出版企业应尽的责任。

出版企业要想经营好自己的社会网络,就要善待每一个消费者,尽可能地提高自己的社会影响,被广大读者信赖。

3)图书中盘工作重点转向出版技术的引进、研发与应用

传统图书中盘通过为出版企业分销图书而获得佣金,这是图书中盘的主要收入来源。传统图书中盘服务的上游企业是各个出版企业,服务的下游单位是各个零售书店,中盘是买卖双方的中间商。但是图书市场的终端消费者是读者,不是实体零售书店,读者的偏好决定了企业兴衰。互联网经济实现了零时空买卖,改变了消费者的习惯。图书电商的出现满足了读者购书的零时空偏好,从而大批零售书店业务受损,甚至关门停业,传统图书中盘失去了中间商的基础,逐

渐退化为一个图书经销商,失去了中盘应有的功能。

智慧图书中盘不仅要升级传统图书中盘的商务流通功能、物品流通功能、资金流通功能、信息流通功能、经营支持功能[1],还应具备出版技术引进、研发、应用、推广的能力。智慧图书中盘要具有对出版企业提供大数据服务的能力,包括大数据采集、清洗、存储、分析、呈现等数据经营的能力,帮助出版企业应用大数据等技术提升经营管理的水平,这是对传统图书中盘经营支持功能的升级。另外,经营支持功能还包括对其他出版企业的技术培训服务,例如人工智能辅助编辑系统培训、大数据应用培训、新技术应用培训等。智慧图书中盘与出版企业间的信息流通功能不是简单的数据传输,而是将采集到的大数据按照出版企业的需求经过深度加工后再反馈给该出版企业,出版企业据此作出经营决策。当然商务流通功能、资金流通功能、物品流通功能在大数据环境下都做了相应的升级,人工智能的应用使得这些功能比以前更智能化。商务流通、信息流通、资金流通和经营支持都通过智慧图书中盘在线精准完成,物品流通也是在智慧图书中盘的精准导航下完成的。

传统图书中盘之所以被电商轻易击败,就是因为没有及时跟上技术的发展。图书中盘要有责任和意识维护出版产业链的顺畅运行和图书出版业的发展繁荣。为了避免图书产业链遭到其他业外企业的技术冲击,智慧图书中盘还应该具有新技术的引进、研发,以及在出版业应用和推广的能力。这就要求智慧图书中盘是一个开放的企业系统,要紧跟技术的发展,创新出版技术,保证出版产业链的顺畅运行和出版市场的繁荣昌盛,为我国的文化教育事业作出贡献。

4)印刷和物流智能化

印刷和物流是智慧图书中盘的两个重要的智慧单元。前面我们已经谈到,当读者将订单发到智慧图书中盘的交易平台后,平台会自动根据读者的订单从协议出版企业的数据库中提取所购买图书的电子版,经过加密后发到距离读者最近的智慧印刷中心,然后实现自动印刷、装订图书,同时安排物流车辆,以最快的方式将图书送到读者手中。智慧图书中盘的印刷和物流与传统图书中盘的区别在于,印刷单元和物流单元必须与智慧图书中盘高度关联,其运营完全受智慧中盘安排,是智慧图书中盘不可或缺的构成单元。而在传统图书产业链中,印刷单位和物流与中盘之间只是达成协议合作,是松散的关联。另外在智慧图书中盘中,印刷单元高度自动化,接收到在线印刷任务后可以自动下单到印刷、装帧企业,继而完成图书的印刷、装订,并且按照订购用户的信息分配给指定的物流单元,完全可以实现按需印刷的市场需求。

5)零售商的业务方向

在传统图书产业链中,图书零售商是重要的一环,从中盘订购图书并出售给读者。在互联网时代,电商直接从出版企业订书,跨越零售商通过网络直接对读者服务,导致大批图书零售实体店关门歇业。图书零售店没有能力接入大数据来提高自身经营水平,如果图书零售店依然独立经营,那么很可能遭到市场的淘汰。因此,在大数据环境下,图书零售店必须成为智慧图书中盘的有机组成部分,成为直接对读者服务的一个市场窗口。

如果图书市场没有零售店,那么我们可以想象出读者消费时的尴尬窘境,要购书必须通过电子终端上网搜索产品、看评论、确定目标、下单、收货。网购图书的目标性太强,这是一个单调的过程,忽略了消费者的物理体验和消费乐趣。书店不仅是一种非常重要的图书消费场所,也是人们休闲娱乐互相交流的重要场所。也就是说,图书零售店的线下购书是满足人们文化需求的一种重要方式,是一种不可替代的图书消费方式。

在大数据环境下,图书零售店采取单一的图书销售是不可取的,必须采用立体营销方式。图书零售店一方面应加强读者的在店体验功能,另一方面应该成为智慧图书中盘的智慧印刷中心和物流中心。这不仅可以盘活图书零售店,而且可以大大降低智慧图书中盘的布局成本和营销成本。我们认为,图书零售店的"三维立体经营"将是图书零售店未来的发展方向:前台提供读者消费体验,后台即时印刷、即时物流,对读者提供无微不至的服务,只有这样才可以赢得消费者,重振图书零售业务。

6)电商

传统图书产业链中没有电商这一环节,电商利用网购的零时空性迅速成长为图书产业链中的重要一环,大有取代传统图书中盘的态势。传统图书产业链很大程度上是计划经济的产物,而图书电商是科技和市场经济发展到一定程度的必然产物,其市场生命力强,成为传统图书中盘和实体零售书店的有力竞争者。但从目前来看,图书电商还没有和图书产业链融为一体,对上没有为出版企业和作者服务,对下没有为零售商服务,只不过是一个赚取图书差价的独立的经济单位。图书电商有它自身的优势,在大数据环境下有可能成为智慧图书中盘,但是距离智慧图书中盘的要求还很远,需要走很长的路。

2.大数据环境下图书产业链整体分析

无论科技发展到何种水平,人们都需要阅读。无论人们以何种形式阅读,人们都需要图书,需要出版企业。社会进步需要出版,人们学习、交流需要出版。出版是一个产业,有自己的产业链,我们下面从产业链整体的视角来分析图书产业链。

1)图书产业链形成的逻辑分析

由前面的讨论可知,作者、出版企业、图书中盘、零售书店、读者是图书产业链的重要节点,每一个节点都在产业链有其自身的市场作用。作者和读者可以完成最为简单的供给和需求,目前这种形式依旧存在,例如教师写讲义和学生使用讲义。但是这种"作者－读者"的形式无法保证图书的质量和销售规模,需要出版企业帮助众多作者提高图书质量、扩大图书销售规模,以及对图书进行商业宣传等,这样就形成了"作者－出版企业－读者"的图书产业链,图书销售采用直销方式。这种图书产业链目前在市场上依旧存在,例如出版企业的网络直销。零售书店的加入使得图书产业链变成了"作者－出版企业－零售书店－读者",大量零售书店使出版企业的销售部门应接不暇,销售成本提高,零售书店的采购成本也非常高,于是便诞生了起中介作用的图书中盘。出版企业图书销售和零售书店采购都在图书中盘发生,大大方便了出版企业与图书零售店交易的完成。同时图书中盘为了更好地服务众多出版企业和零售书店,促进交易的顺利完成,逐渐具备了商务流通功能、物品流通功能、资金流通功能、信息流通功能和经营支持功能,进而形成了完整的、功能完备的图书产业链。虽然网络技术的出现使图书中盘实现了电子化,但是依然没有改变传统图书中盘的本质,只不过将传统图书中盘的功能用电子化来实现而已,如图8.2所示[2]。

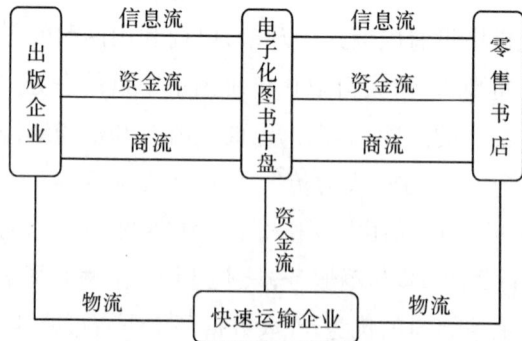

图8.2　电子化图书中盘示意图

2）图书市场的现状和电商的作用

互联网科技的发展使电商迅速成为图书产业链的主导者,切断了图书中盘对整个产业链的服务,使整个传统图书市场疲软。市场出现以下情况:实体零售书店大批关门歇业或者处于半歇业状态;很多出版企业处于迷茫状态,码洋堆积,出版主业凋零;传统图书中盘退化为图书销售商,丧失了图书中盘的基本功能;优秀作者成为稀缺资源,版税大幅提高,优秀作品稀缺;虽然线上交易方便了读者的消费,但是网购却弱化了读者的消费体验,而大量实体书店的消亡又进一步刺激了图书线上交易的繁荣。

目前短结构型图书产业链(作者－出版企业－电商－读者)在图书市场占优势。电商在产业链中起着承上启下的关键作用,承担着图书中盘的市场功能,但电商目前没有为图书产业链上下游提供服务,只是利用网购的零时空性消费优势占据了大部分的零售份额,即图书电商只不过是一个大的图书销售商。同时有些电商并不甘心只做图书销售商,开始向图书产业链上游出版业务发起进攻。图书电商所收集的读者信息、图书销售数据,只是电商的私有财产,不会拿出来和出版企业分享,数据成为孤岛。电商不会为出版企业提供大数据服务,图书电商作为一个独立的追求利润最大化的商业单位,没有强制维护图书市场繁荣发展的社会责任,因此没有让图书市场走出目前状态的动力。而有的图书电商面对图书市场的现状已经开始部署图书出版业务。

三、大数据出版

大数据的作用不是针对某个出版企业,而是对出版全产业链的提升。而出版产业链的核心环节是出版企业和图书中盘,因此大数据对整个产业链升级换代的关键在于出版企业和图书中盘对大数据的应用。大数据是高新技术,需要在技术上的积累,在人才、资金上大量投入。出版企业一般专注于内容出版,不具备大数据技术。每一个出版企业都配备功能系统的大数据部门显然很不现实,而且会造成极大的社会浪费。但是大数据对企业的积极作用逐渐得到出版界的认可,出版业对大数据服务的需求非常强烈、迫切,特别是出版企业。

解决当前出版市场状况的一个方案就是建立新型的智慧图书中盘。智慧图书中盘紧扣出版业的上下游,与上下游企业保持良好的关系,不仅为图书市场提供大数据服务,助力产业结构升级,理顺图书市场秩序,促进出版市场健康发展,还肩负着我国文化产业长久繁荣的责任。图书市场不仅有大数据服务的需求市场,还有大数据服务的供给市场,是一个完整的服务供需市场。智慧图书中盘不仅升级传统图书中盘的商务流通、资金流通、物品流通、信息流通和经营支持功能,而且具有大数据服务功能和出版技术研发、引进、应用和推广的功能,是一个不断自我完善的开放系统。因此,智慧图书中盘是一个服务众多出版企业兼顾上下游其他企业的综合性高技术服务平台。

大数据出版以智慧图书中盘为核心,出版产业链各个环节的企业在大数据环境下能够更加专注自己的业务,零售书店也会得到全面升级。从图8.3可以看出,智慧图书中盘是信息交换的中心,图书产业链的每一个环节都将与智慧图书中盘进行信息交换。作者可依靠智慧图书中盘的数据分析结果创作出大众喜欢的作品。读者与智慧图书中盘也有信息交换,一方面是读者依据中盘的线上购买功能购买图书,另一方面读者可以在平台参与对图书作品的讨论,对某一作品发表自己的看法,还可以查阅其他人对图书的评价。出版企业在图书数据库、读者信息、作者信息、市场信息等方面都与智慧图书中盘有更多的信息交流,特别是智慧图书中盘对出版企业的大数据支持作用,可以全面提升出版企业的经营管理水平。零售书店在大数据环境下也得到全面升级,在智慧图书中盘的大数据帮助下,为读者提供零售、终端物流和按需印刷的"三维立体式服务",让读者感受到全新的图书体验服务。零售书店与智慧图书中盘在物流、信息、资金等方面全面实现交流,零售书店成为智慧图书中盘销售数据和读者数据的重要采集源;反过来零售书店在中盘的大数据策略指导下,其经营管理水平也得到全面提升,可以对消费者精准定位、对图书市场精准预测,库存成本和退货损失均大幅降低,甚至为零。

出版企业是图书产业链的核心环节,与各环节有着频繁的信息交互。出版企业与读者、作者的信息交互可以通过智慧图书中盘,也可以直接在出版企业的信息中心实现交互。作者与出版企业大都是直接进行信息沟通,当然也会有读者直接与出版企业沟通,这样的读者将是出版企业的忠实读者,是出版企业的宝贵财富。出版企业也可以直接与零售书店进行信息交互,但多数是通过智慧图书中盘来获取读者的消费数据和市场信息。另外出版企业与其他出版企业进行信息交互,通过智慧图书中盘仅是一种途径,也可以直接进行信息交互。在大数据环境下,各个出版企业理论上几乎没有业务竞争,因为每个出版企业都可以利用大数据将自己所在的细分市场做到极致,其他出版企业没有机会介入。

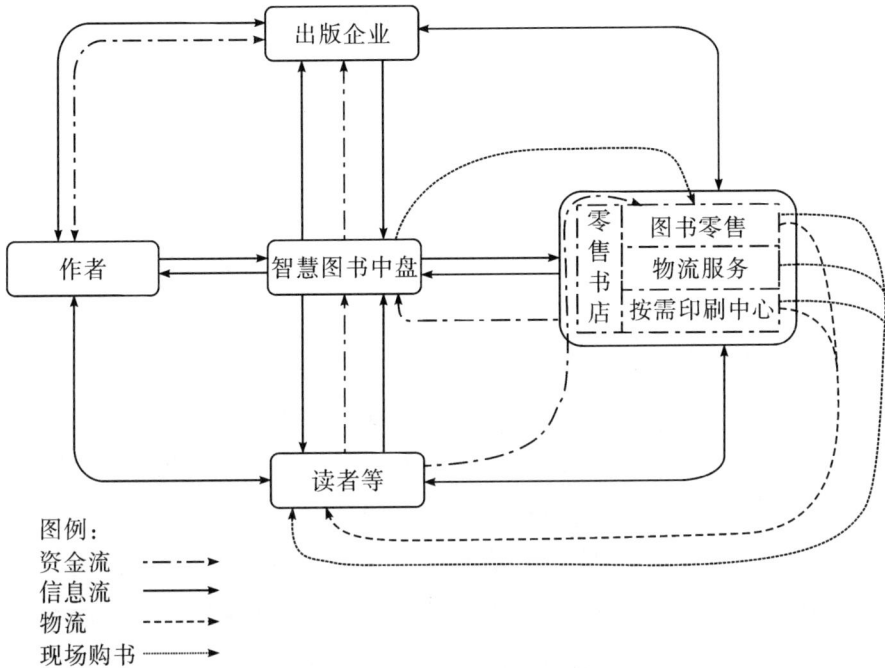

图例:
资金流　　－·－·－▶
信息流　　──────▶
物流　　　－－－－▶
现场购书　······▶

图8.3　大数据图书出版产业链示意图

事实上,图书产业链在信息流通上是一个闭环通路,即作者→出版企业→智慧图书中盘→零售商→读者→作者,这是区别于传统图书产业链的一个重要方面[3]。作者利用智慧图书中盘提供的市场信息,结合出版企业的要求和自己的专业特长,提供人们喜欢的作品。出版企业根据智慧图书中盘提供的大数据信息预测未来市场需要的内容及图书数量,然后从作者数据库中查找出最合适的作者,作者创作完后进入出版流程,在人工智能辅助编辑帮助下快速出版,交给智慧图书中盘进行发行、推广和销售。智慧图书中盘按照大数据预测的消费者分布图给各个零售书店配货,纸版图书在线上线下可同时销售,电子版图书也根据市场的需求在线上销售。出版企业将纸版图书线下销售预测数量作为首印数的依据,然后依照线下销售配额预测分布投放到各地的零售书店。线上销售分为电子版图书和纸质版图书,如果读者通过中盘购买电子版,就可以使用智慧中盘开发的阅读软件或者终端电子阅读设备;如果读者通过线上购买纸质版,订购信息发到智慧图书中盘后,中盘就会根据订购信息向出版企业的数据库申请图书电子版,加密后再根据消费者所在的地理位置发到离他最近的零售书店的按需印刷中心,自动打印、装订图书,最后由零售书店的物流部门将图书送到读者手中。读者阅读图书后可以在智慧图书中盘提供的读者交流群或者其他网络社交 APP 交流阅读心得,甚至还可以通过出版企业,或直接与作者进行交流,对作品提出改进建议,以便该作品快速修订,再次出版。因此出版产业链的信息交互以智慧图书中盘为核心,其他信息交互起重要的补充作用。

在大数据环境下,出版企业可以摆脱物流和印刷等业务,物流和印刷等业务完全由智慧图书中盘利用大数据合理布局完成。出版企业借助智慧图书中盘的大数据服务专注内容生产,利用社会网商业模式经营,扩大其在社会网上的社会影响,从而赢得广阔的市场空间。出版企业专注内容生产,出版有价值的、受消费者青睐的图书,保证出版的每一本书都是精品,撬动读者的心,产生共鸣,增强消费者对企业的信心和支持,逐步扩大企业社会影响,进而出版的图书可以获得超额市场回报,为出版企业赢得更大的利润空间。

大数据出版的物流主要发生在智慧图书中盘、零售书店和读者之间。由于大数据的精准预测使得物流流向基本是智慧图书中盘→零售书店→读者,几乎没有逆向物流,因此整个出版产业链几乎没有摩擦成本,效率得以大大提高。中盘与零售书店之间的物流主要是首印图书、重印图书、再版图书对各个零售书店的配货,真正实现零库存管理,这就是大数据的魅力。零售书店对消费者的物流需求来自消费者的网上订购,如果零售书店有现货,就直接由物流部门将图书送到读者手中;如果该零售书店没有现货,那么可以选择从邻近地区调货,然后送到消费者手中,也可以等按需印刷中心将图书印好后,零售书店的物流部门将图书送到读者手中,这取决于消费者对图书需求的紧要程度。

图书产业链的资金流向是读者→零售书店(中盘)→智慧图书中盘→出版企业→作者,和内容产品的流向相反。如果消费者从网上订购图书,则资金直接到智慧图书中盘,如果从线下购买现货,则资金先到零售书店,然后再到智慧图书中盘。智慧图书中盘按照之前的契约将书款派发给各个出版企业。出版企业再依据版税比例,将对应版税交给作者。

图书出版企业与智慧图书中盘签订服务协议,数据资源产权归属问题可以由双方协商解决。一般而言,与出版企业相关的图书销售数据应该归出版企业所有,其他数据归中盘所有。智慧图书中盘对数据的分析结果,各个出版企业应该付费使用,这也是智慧图书中盘对大数据的投入和数据经营所得。图书产业链上的各个企业实体获得智慧图书中盘提供的各项服务,可提高企业的经营管理水平,故应该向中盘支付相应的服务费用。

　　大数据出版就是以智慧图书中盘为中心的立体图书产业链,这区别于传统图书产业链。大数据智慧图书中盘为各个出版环节提供大数据服务,不仅可以提升自身经营管理水平,而且可以帮助众多出版企业在各自细分市场取得优势。智慧图书中盘需要对出版技术不断进行创新、推广和应用,是一个开放的、不断自我完善的系统。事实上,目前有些企业开始抢占大数据市场先机,正在尝试将大数据应用到图书出版业,全面提升出版的效率,如武汉数传集团。

　　基于出版业的巨大市场,我国应该设立多个智慧图书中盘,并引入竞争机制,避免一个图书中盘故步自封、不思进取,重蹈传统图书中盘的覆辙。另外,文化产业繁荣发展是政府应尽的义务和必须承担的责任,因此智慧图书中盘的建立和整个图书产业链的升级换代需要政府和社会的支持,只有这样才能保证大数据出版得以真正实现。大数据出版是图书出版业发展的需要,有利于我国文化产业的繁荣和发展。

参考文献

[1] 周斌. 图书市场中盘格局研究[D]. 南京:南京师范大学, 2004.

[2] 赵为. 以 BtoB 电子商务模式构建图书业电子中盘[C]. 第四届中国国际电子商务大会论文集, 2000(4):113 - 115.

[3] 刘红,张冠勇,李金山,等. 图书供应链管理模式的构建与应用[M]. 北京:北京邮电大学出版社,2014.